ワードマップ

パーソナルネットワーク

人のつながりがもたらすもの

安田 雪

新曜社

まえがき

優れた友人との出会いは、人生を豊かにします。あたたかな恋愛関係は人に幸せをもたらします。相性の悪い先生は勉強意欲を低下させますし、気の合う友人は日常生活に豊かさをもたらします。人間関係は人を支えもすれば、傷つけもします。他人は、精神的な安定や知識を与えてくれることもあれば、いらだちや絶望をもたらすこともあります。

ネットワークが、人々の思考や行動に大きな影響力を及ぼすことは、前著『ワードマップ　ネットワーク分析――何が行為を決定するか』で論じました。[1] ネットワーク分析の分野は急速な進展を遂げました。[2] 分析対象のネットワークの規模と種類、解析技術、数学的・物理的基礎理論、応用領域では社会科学どころか、自然科学、人文科学、工学の領域まで、独自の応用研究が進み、百花繚乱とも言える状態が続いています。

本書では、パーソナルネットワーク、つまり人々のつながりに特化して、そのありかたと影響力を考えてみます。ネットワーク分析の守備範囲は人間以外をも含みますが、組織や国家など、個々人を超えた集合体が形成するネットワークは扱わず、パー

[1] 安田雪（2001）『実践ネットワーク分析』新曜社、にも指標や記述について解説しています。

[2] リントン・フリーマン／辻竜平（訳）（2007）『社会ネットワーク分析の発展』NTT出版、には自然科学系の研究者が参入する以前の研究の経過が整理されています。

ソナルネットワーク以外の企業や産業のネットワークについては別の機会に論じたいと思います。

生物の食物連鎖のネットワークやＤＮＡの連鎖構造といったミクロ・レベルのネットワーク解析も、近年著しく発展していますので、これらの新しい分野から何が学べるかについては触れるつもりです。ただ、本書では、「意識や感情をもった人間」を最小の構成要素とする、パーソナルネットワークにテーマを限定します。

網羅的とはいえませんが、幅広くパーソナルネットワークに関わる論点、未解決な問題、応用可能性に満ちた指標、設計上の課題などをすこしずつ取り上げてみました。関係情報の認知、活用、商品化、他者と共存していくしくみや制度の設計、倫理と可能性まで、従来のネットワーク分析をこえた議論も展開しています。章の順番にこだわらず、関心をもてるところから自由にお読み下さい。

本書の校正が進行中に、東北地方に大地震とそれに伴う大津波が発生し、未曾有の被害をもたらしました。人とのかかわりの重さとはかなさを、これほど痛切に、私たちが感じたことがあったでしょうか。傷ついた地域、経済、日本の復興のために、これから必要なのは技術と知識です。学生諸君、研究者のかたがた、若い世代の技術と知識が、今後の日本再建を支えます。勉強しましょう。

本書が、より良き人間関係、組織と地域の再生の一助になればこれ以上の喜びはありません。

パーソナルネットワーク——目次

V　パーソナルネットワーク研究の倫理と展望

装幀＝加藤光太郎

I

パーソナルネットワークの調べかた

「死ぬとか何とか……何をいってもかまわねェからよ!!!
そういうことはお前……おれ達のそばでいえ!!!
……あとはおれ達に任せろ!!!」
——尾田栄一郎『ONE PIECE』41巻

人間関係に「絶対」はありえるのでしょうか。

一生の友人、不滅の恋人、永遠のライバル、生涯の恩師。

私たちが生きていくためには、他者が必要です。他者との関係の正しい認識が必要です。私たちはみな、自分をとりまく人々との関係を無意識のうちに調節し、自他ともにできるだけ快い社会関係を作ろうとしています。

けれども関係の存在やその性質は見えません。時間とともに変わったり、なくなったりもします。頼って良い人と依存すべきでない人、絶対的な信頼をおける仲間と距離をたもつべき集団の区別もしなければなりません。恋愛や友情や忠誠にももりあがりやゆらぎが生じます。時間や場が変われば、同じ人とでさえ、関係の質は変化します。

他者との関係とその質を、私たちは自分一人で判断するしかないのです。

関係の不可視性は、不安、疑心暗鬼、憶測や自信過剰をもたらします。誰もがみな、関係に自信と不安と両方を抱えながら、他者と関わり続けています。

目に見えない関係の存在を伝えるのは、言葉、しぐさ、そして行動です。

関係は力です。あなたの行動や思考があなたの周囲の人によって影響をうけるように、あなたは周囲の人の行動や思考に大きな影響を与えるのです。

1-1 関係がもたらすもの

つながりへの期待

パーソナルネットワークに注目するのは、それがあらゆるネットワークのなかで一番おもしろいからです。そして、現在、人々の作る関係集合への期待が大変に高まっているからです。爆発的流行現象を起こす口コミやSNS[1]連鎖の力、世界中の人々の集合知を活用するウィキペディアのような知識創発、イノベーションを引き起こすチームワークのありかた、コミュニティにおけるソーシャルキャピタル、児童虐待や無縁死を防ぐための地域のサポートネットワーク、ミクロからマクロ、ウェブ上から現実社会まで、多様な領域で、関係を改善、統制することで、現状打破や状況の改善ができないかと考える人々が増えてきています。関係情報の商品化も進んでいます。

情報社会への期待、少し狭く言えばインターネットに対する期待も、本質は関係への期待です。IT技術によって、世界中の人々や知識がつながったら何が起こるか。人間が情報を介してつながる時に起こりうる事象に無限の可能性を感じているのです。物体としてのパソコンやケーブルは、情報を運ぶ手段にすぎません。よほど例外

[1] Social Networking Service（ソーシャル・ネットワーキング・サービス）

的な立場の人でなければ、人々は単なる物理的な配線網の拡大に過大な期待をいだいたりはしません。

個々人の能力や努力、あるいは組織単体のもつ力には限界があります。グループや企業においても、新しいメンバーを自由に補充できるわけではありません。個人の能力開発にも限界があります。だったら、今いる人々、今ある資源を組み合わせて、その新たに作った組み合わせや、関係によって何らかの力を創発しようではないか――これが、今、関係という不可視で制御困難なものに対して、人々が寄せている期待です。個人の能力開発も限界、新人を採用する余裕も見込みもない、グータラな社員もお局様も自主退職の見込みもなく、窓際族の定年もまだ先だ。要するに今いるメンバーは増えもせず減りもせず、急激に能力がつく見込みもない。だとしたら、今いるメンバーの組み合わせや、位置関係を変えることで、より多くの力を発揮してもらおうではないか。個人属性による予測が難しいならば、関係情報を使おう。

ネットワークへの期待とは、つきつめれば、そういうことです。一定の人員と能力、資源制約のなかで、今以上のアウトプットを出そうとするならば、人々のつながりかた、組みあわせかたを変えるしかありません。

意志と感情を備えた人間のことですから、織りなすネットワークの分析も簡単、一様ではありません。コンピュータやWWWページあるいは鉄道網といった、物が作るネットワークと人間のネットワークは、まったく異なります。もちろん、ネットワークですから、点と線にして行列データにしてしまえば、まったく同じように指標は計算できるし、分析もできます。

人工物にはない認知と探索制約

けれども人のネットワークと物のネットワークは、その分析にあたって、絶対に見過ごせない、本質的な違いがあります。

コンピュータや物が作るネットワークと、パーソナルネットワークの最大の違いは、パーソナルネットワークでは、つながりのありかた、いわばネットワークの「型」に対する意志や感情を構成要素自身がもち、さまざまな判断を下していることです。しかもそのつながりは見えません。

そして、人間関係においては、そのつながりの現状と、個々の構成要素が抱く理想とが大きく異なることが、驚くほど多いのです。WWWページやコンピュータには、少なくとも現在、「誰と、どのくらいの強さで、いつまで、どんなふうにつながっていたい」といった固有の意志や希望はありません。阿波踊りを踊れるロボットはいても、自発的に「もっと上手に踊りたい」と思うロボットは、いまだに開発されていないようなので、こう判断して大丈夫だと思います。モチベーションの喚起は、人でも機械でも至難の業です。

ネットワークがどういうふうにつながっているのかというつながりの「構造」と、

その構造の望ましさやあらまほしさは別モノです。この違いは、片思いの状況、あるいは、販路をもっと拡大したいにもかかわらず限定された少数の取引先しかない、といった状況を考えれば、すぐ理解できることでしょう。現在、どうつながっているか、と、本当はどうつながりたいのか、はまったく別の話です。両者が一致するのが最高ですが、人間関係に限らず、えてして関係というのは思い通りにつながってくれません。「ネットワーク最適化」という言葉がありますが、関係の最適化というのは本当に難しい。わずか三人についてでさえ、「あちらたてればこちらたたず」ということわざがあるくらいです。

最適化は、ネットワーク研究者の究極の目標の一つです。オペレーションズ・リサーチの分野においては、ネットワークの流れにさまざまな容量制約がある場合の、最大フロー（最大流）の計算法が、実用化されています。最短経路の探索問題も、高速なアルゴリズムがいくつも開発されています。

けれども、人工物のネットワークと、人間関係は本質的に違います。計ることも効果を測定することも圧倒的に難しいのが人間関係です。およそ物体として、触れて「存在」を確かめられるネットワークと、感覚で察することしかできない人間関係の扱いは、まったく異なるのです。

人間関係は未踏の領域であり続けています。関係の最適化も困難なままです。

たとえば、教室や職場の席の配置を考えてみてください。仕事や勉強が最高にはかどり、全員、誰もが気持ちよく過ごせるような配置ができるでしょうか？　よほど少人数で固定化した状況ならいざしらず、20～30人以上の人がいたら、まず、不可能でしょう。

人間によって形成されるパーソナルネットワークの特徴やその計りかた、パーソナルネットワークに関わる学術的な論争には限りがありません。それは人間関係が不可視なものであること、意志や感情といったものを構成要素自体がもつこと、物理的に強弱を計測したり、質についての定義ができないことが要因です。しかし、見えない、計れない、変わる、定義もできないながらも、人間関係は確固たる力を、その構成メンバーに、そしてその状況に対して発揮します。これが、人間関係が特別に他のネットワークよりもおもしろい理由です。

そして、つながりがどうあろうと、私たちにとって見えているのは一部であり、私たちの関係探索能力には限界があります。我々人間は、神のように人間関係のホールネットワークの地図を頭にもって行動しているわけではありません。人間は、関係認知能力と探索能力の双方の制約のなかで、日々、社会的相互作用を営んでいるのです。この点を忘れて、社会的ネットワークの解析はできません。見えない部分の関係からの効果に対して、私たちはもっている情報、すなわち見える部分のコントロールや調整で挑んでいるのです。いかに物理学者らがものごとのつながりを徹底的に抽出、記述したとしても、そのなかでふるまう、認知と探索制約がある人間の理解なしに、パーソナルネットワーク、社会的相互作用、ひいては社会構造の本質的理解はできません。

ネットワーク分析はつながりの構造を、グラフ理論の概念を用いて記述するので、当然、インターネットであれ、航空網であれ、口蹄疫の家畜であれ、応用できる範囲は広く限りがありません。領域横断的に使える手法で、コンピュータによる情報収集と計算のコストが加速度的に下がっていくこの頃では、経済物理学や、分子生物学や、戦略論、マーケティングなどにも広くとりいれられています。

統計的検定のごとく、科学的アプローチをとる研究分野の共通言語になったとまではさすがにいまだ言い切れませんが、各領域で緻密なデータ収集と計算を繰り返す分析者に恵まれ、研究手法としては分野横断的に諸領域に認められるようになってきています[2]。

[2] D. Easley & J. Kleinberg (2010) *Networks, Crowds, and Markets*. Cambridge University Press. は極めて幅広いトピックを扱っています。

関係構造の探索

おもしろいことに、これらの領域では、「構造の探索と記述」に重点がおかれています。極端に戯画化してしまうと

(1) 関係定義
(2) 抽出と描画
(3) 特徴量の計算

はい、ネットワーク構造の分析が完了！　といった調子です。
「関係定義」とは、ネットワークの点（ノード）と関係（紐帯）を決めることです。「抽出と描画」とは、どのくらいの強さがあったら線を引くか、閾値を決めて、関係を描くことです。可視化とも言います。ノードと線の色や大きさ、配置が腕の見せ所です。「特徴量」の抽出とは、クラスタリング係数、平均距離、モジュラリティ、大規模ネットワークの場合にはγなどを計算することです。これらの係数や用語については、あとで説明をします。そういう指標があるらしいとだけ記憶し、ここでは読み飛ばしてくださってかまいません。

最近の理工系の領域では、構成要素が、数百万、数千万どころか数億規模の大規模ネットワークの分析もなされています。この規模になると、もはや巨大なスパゲティか毛糸の塊でもほぐしているかのようで、絵を描くことも特徴的指標の計算も高性能のコンピュータを使えば可能ですが、いったいそのなかで何が起こっているのか、詳細はさっぱりわかりません。

数学的には、知人の知人が知人である割合（クラスタリング係数）だったり、この巨大なスパゲティのなかで、人々が、平均、何ステップでつながっているのかといった計算結果は出せるのですが、はたして一連の数字から、どこまでその構成要素と全体の関係を理解できるのでしょうか。

ＷＷＷページは一定の割合で互いにリンクしあっていたり、論文も相互に同じような割合で互いに引用しあっており、情報が大爆発しているＷＷＷの世界でさえ、平均的にはさほど遠くない距離でサーバ同士がつながっていることが計算できたとして、さて、その結果から、私たちは何を読み取り、どのような意味を見いだせば良いのでしょう。この点は、近年、私が理系のかたがたの大規模なネットワーク研究を見ていてずっと不思議に思っていました。

もちろん、いまだ人類が経験したことのないＷＷＷ上の情報のつながり、ＷＷＷをインフラとしてそのうえで日々成長するＳＮＳなどを純粋に構造だけ追求していくのは、冒険にでも出るような探索的でおもしろい仕事です。そんな計算をやりきるマシンを購入する予算獲得力には最大の敬意を表しますし、その巨大データを読み取り、計算させてしまうプログラミング能力には惚れ惚れしてあこがれます。

これらの研究で分析者が関与するのは「対象と紐帯の定義」と「ネットワークの境界決め」です。この三つが決まれば、あとはネットワークが抽出できますし、探索的に特徴量を計算できます。

ただ、どうしても私には、「何だかおもしろそうなネットワークがあるので、みんながよく使う指標を計算してみたらこういう数字でした。××のネットワークは、指標で見る限りこんな感じで、このソフトでこう描いてみるとこんな感じになりました。」で分析を終えるのは物足りない気がするのです。せっかくのネットワークを、限られたいくつかの物差しで測り、手持ちの画材で一番描きやすい絵を描いて終わりにするのは、あまりにももったいないのです。そして、ネットワークを点と線ないし矢印で描いたものを**グラフ**[3]と言いますが、配置や大きさをちょっと操作すれば、同じ関係からいくらでも違った図ができます。ネットワーク描画では、統計グラフと同じくらい簡単に「嘘」や「あやまったイメージ」を作る関係操作ができてしまいます。

[3] 人間関係を表すグラフを特に「ソーシャルグラフ」と呼ぶこともあります。

グラフの印象操作

つながりかたはまったく同じで、点と線の配置を換えただけのグラフを**同型グラフ**と言いますが、同じパターンが与える、まったく異なる印象には驚かされてしまいます。

たとえば、次ページの図1のAとBは、線の長さは考慮せず、点同士のつながり関係だけを見ると、グラフ理論上で言う「同型」で、二つは等しいものです。とはいえ、人間はこれらの図から違いを感じ取り、異なった解釈を導き出します。Aでは四つのノードに平等性を感じますが、Bでは、明らかに三角の中央部分に位置しているノードが他の三つよりも中心的に見えます。連結のパターンはすべて同一ですが、その位置のせいで他のノードへの距離が短いため、中央のノードが中心に見えるのです。CとDも同型です。

二つのネットワークにおいて関係のパターンが同一でも、ノードの配置、つまりノード間の距離を考慮するならば、当然、そのネットワーク構造の解釈は違ってきます。グラフ理論では同型を見抜くことが大切です。そして、パーソナルネットワークの分析では、それに加えて紐帯の力、人間同士の距離関係などの情報がある場合には、これらの付随的な要素を加味して解釈をしていく必要があるのです。図は目的でなく手段です。

それでは図のみせかけに騙されないためには、どうしたら良いのでしょうか。

一番の方法は、「対象を理解すること」です。

パーソナルネットワークの問題の難しさは、数学の難しさではありません。数学の能力よりもむしろ、人々の相互作用と関係において、何が本質的で何が重要なのかを見抜く力が重要なのです。

何がつながっていようと、記述手法としてのネットワーク分析は点と線にしてしまいます。それが人と人が友情関係でつながっている点と線なのか、人と人が敵対関係でつながっているのか、コンピュータとコンピュータがイーサネットでつながっているのか、空港と空港が航空路線でつながっているのかでは、その数値の解釈は大きく異なるはずです。

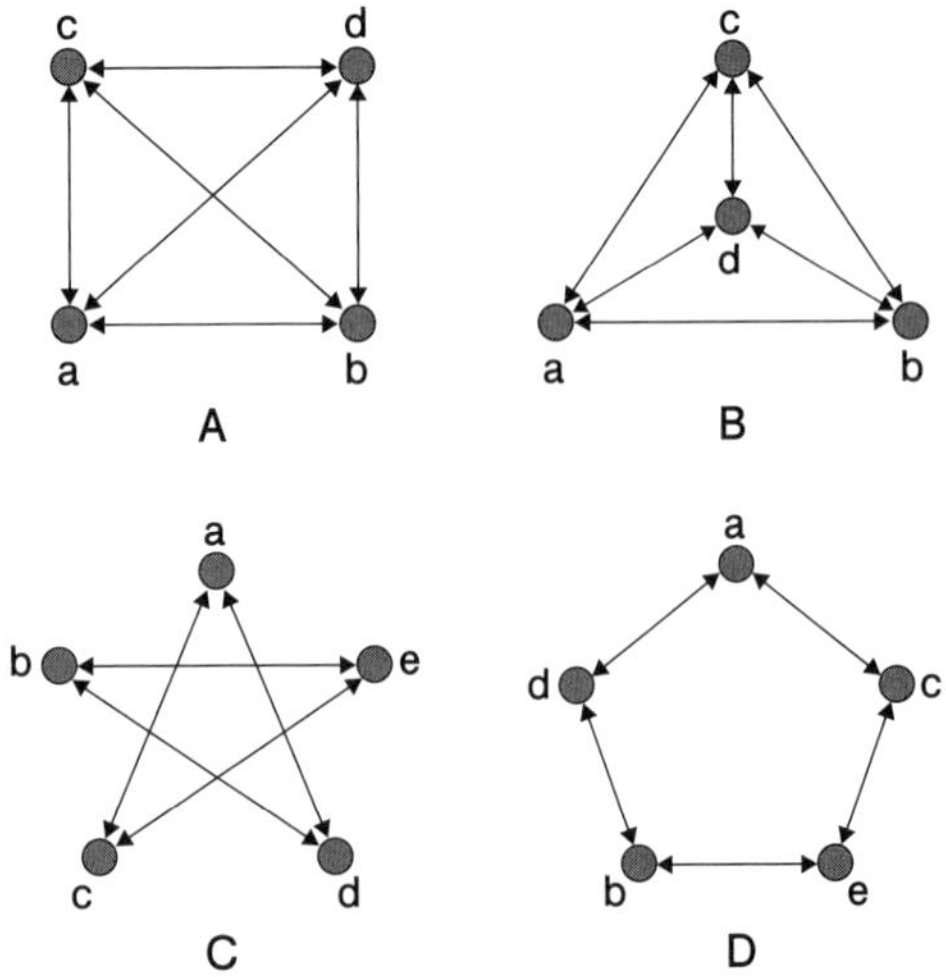

図１　同型グラフ

ＡＢ、ＣＤの関係のパターンは同一

かつて私は「行為を決定するのは属性ではなくネットワークである」と書きましたが、今は、ネットワーク分析から、豊かな解釈や意味を引き出しうるのは、唯一、「対象への理解」であると断言できます。

だからこそ、複雑でデリケートで、計算量だけでは理解不能な、「パーソナルネットワーク」についてじっくりと考えていきたい。そこには、コンピュータにもWWWページにも、代謝ネットワークにも見られない、友情、敵意、愛、憎しみ、尊敬、嫉妬、連帯と孤独が浮かび上がります。探索、忌避行動、認知や資源の制約がありま す。パーソナルネットワークの研究の鍵は、人工物にはない、人間関係にのみ存在する制約の理解です。

ただし、心理学は扱いません。個人の内面に入っていくつもりも、生得的属性や遺伝の話もするつもりはありません。ただただ、ひたすら人と他者とのつながりである、ネットワークを追いかけることで、パーソナルネットワークの力と不思議とを語っていきたいと思います。

1-2 関係の欠如がもたらすもの

ないものの効果

関係のありようと、関係が及ぼす影響力を考えることこそがネットワーク分析です。けれども、関係を分析する時に、私たちは「関係のあるところ」に注目しているわけではありません。これは大きな誤解です。ネットワーク分析は、関係のある部分に注目すると思われがちですが、実際はちょっと違うのです。

手も足も出ないネットワーク

ネットワークのなかで、全員が全員とつながりあっている状態を完全グラフと言います。無向グラフであれば3人が3本の紐帯で、4人が6本の紐帯で互いに直接一歩で到達できる関係です。グループのメンバー全員が、グループ内すべての人たちと仲良しのような状態です。この完全グラフには、ネットワーク分析は手も足も出ません。何も分析することがなく、お手上げ状態になってしまいます。

これはまったくおもしろくありません。全員が全員とつながっている以上、構成要員の差別化のしようがないからです。ネットワーク内で皆がもっている紐帯が完全に一致していますので、ネットワークから受ける効果を個人ごとに差別化できないのです。そこにあるのは個人の差だけであって、つながりかたの違いがないのです。ネットワークの紐帯の分布にほんの少しでも偏り——つまり、誰かさんは誰かさんよりも多くの人とつながっているというような関係上の違い——がありさえすれば、これにネットワーク分析は適応できます。しかし、皆の保持している関係パターンに差がない時には、関係構造の分析は不可能なのです。

全員が孤立している状態のネットワークも同じ理由で、分析ができません。関係がないのですからあたりまえです。

注目するのは関係のないところ

完全グラフでも、全員が孤立点のグラフも、関係にバリエーションがない場合には、構成関係がある部分よりも、むしろ、関係のないところに私たちは注目します。孤立しているのは誰か。どことどこが結ばれていないのか、どの部分に関係が欠落しているのか。関係の少ないところ、薄いところ、偏ったところに注目するのです。なぜなら、関係の欠如があってこそ、関係がある部分において「紐帯」が意味をもつからです。[1]

関係の欠如は、私たちネットワーク研究者にとっては祝福なのです。完全グラフはもっての外ですし、全体があまりにも規則的に統一されていたり、同じようなパター

[1] もっとも、一定以上の規模になると、人間関係の完全グラフは稀にしか発生しませんから、実際にはさほど恐れる必要はありません。人間関係には推移性があって、共存可能な関係の質や量は限られているからです。

ンが繰り返されていたりするようなネットワークは、機械的すぎて社会的相互作用のありかたとは異質な「人工的な」印象を受けるものです。

複雑ネットワークの研究者がパーコレーションの研究などで使う「一元格子」「二元格子」あるいは「三角格子」は、美しいけれども人工的にすぎ、非現実的に思えるのは、現実のこみいった人間関係ばかりを見てきたからかもしれません。

パーソナルネットワークを扱う研究では、関係という、もともと、目に見えず、物体として存在しないものを抽出、記述、分析しようとします。さらに、その目に見えないもの、ないものの効果を論じていきます。ちょっと考えると、目にも見えないもの、物として存在していないものの「力」を論じるわけですから、まるで呪術か魔法のようでもあります。

人工物、たとえば、コンピュータネットワークや、道路網の場合には、配線ケーブルやコンクリートの道路といった確固たる物体がありますので、その構造や効果を論じる際も具体性があり、説得力があります。しかし人間関係は違います。パーソナルネットワークは、ネットワーク分析のなかでも独特なのです。好意であれ、愛情であれ、信頼であれ、無いと言われたら、「ある」ことを証明するのは困難です。あると言われたら「無い」ことを証明するのも困難です。興信所のようなプライベートな関係情報収集や証拠集めが、商売として成り立つわけです。

しかし私たちは誰もが知っています。人間関係は確かに存在し、当事者をはじめ周

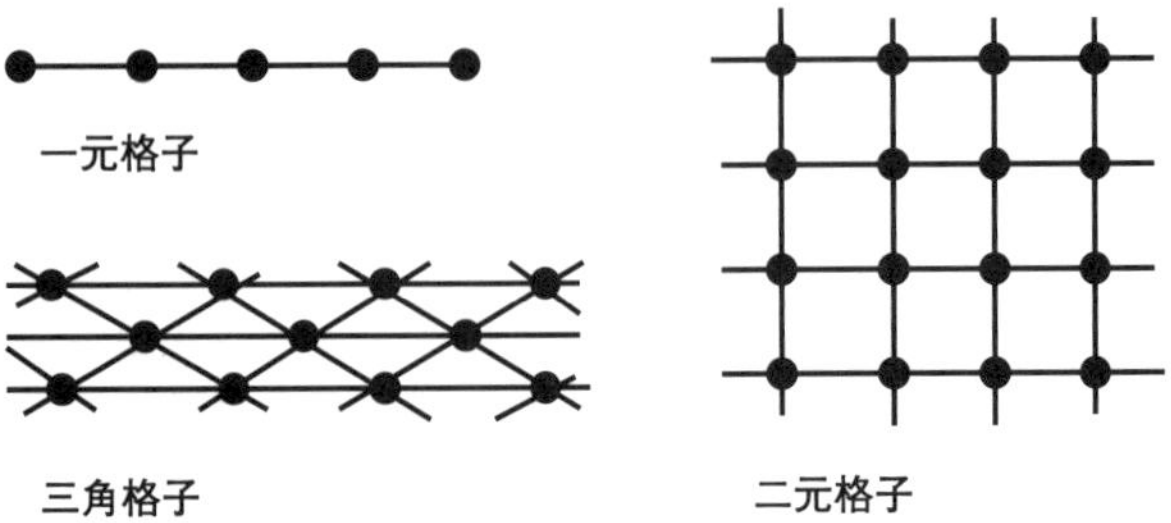

図2　一元格子、二元格子、三角格子

囲の人にも少なからぬ影響を及ぼすことを。親からの愛情の確信なしに子どもは育たず、生徒や学生からの信頼なしに教育はできません。信頼あってこそビジネスは発展し、治安の良い町にはひっそりと目立たないながらも「遠慮がちなソーシャルキャピタル」が働いています。[2] それを知っているからこそ、私たちは、関係の追求と分析に励みたくなるのです。

目に見えない関係の効果を論じる、その怪しさや難しさを直感的に理解していただけたでしょうか。さて、つづいては、「人間関係という不可視で物理的に存在しえないもの」が存在しないことがもたらす効果について、考えてみましょう。

空隙——ないものの効果

関係がない部分、つながりが欠落している部分こそが力の源泉であると論じるのが「空隙の理論」、正式には「構造的な空隙理論」です。英語では structural holes と言います。構造的な隙間、間隙、ニッチ、穴など、いろいろに訳出しうるわりに、すっきりと本質をあらわしにくい言葉です。

具体的には、関係の隙間、重複した関係が存在しない部分、関係が存在しない時に、自分が仲介者として他人の関係を仲立ちしうることで力を獲得しうる、そういう機会がころがっている場を指します。関係の欠落部分です。

見えず、物体として存在しないものの効果を論じるのが、ネットワーク分析です

[2]「遠慮がちなソーシャルキャピタル」とは、「誘われたら参加する」「周囲に悪いから協力する」といった、他者への消極的な関与が生み出すソーシャルキャピタルを指します（今村他 2010）。2－1項で詳しく解説します。

が、構造的空隙という考えかたでは、そのないもの（＝関係）が、ない場所（隙間）が重要だ、そここそが力の源泉だと言うのです。何と複雑なことでしょう。禅問答のようです。

空隙の理論を要約してみましょう。

人間関係の形成と維持にはコストがかかります。だからこそ、各自が、自分のもてる資源の範囲で、重複させず、効率よく、関係を維持したほうが良いのではないでしょうか。関係に対する自分の時間やエネルギーや感情を投資と考えるのであれば、なおさら、関係そのものを重複なく効率よくしておきたくなるはずです。

もしそう考えるのであれば、自分が直接関わる人たちは、互いにあまり関わっていない人々にすれば、一歩、二歩先で自分と彼らのもっている関係、さらには彼ら同士がもっている関係の重複は少なくてすむはずです。端的に考えれば、自分が直接つながる人々同士は直接結びついていないほうが良いのです。周囲をみまわして、お互いが分断されていて、その関係に隙間がある場を探し、そういった人たちを結びつけて隙間を埋める仲介者になるのが、最適な戦略のはずではないでしょうか。

これが空隙の考えかたです。もちろん、ネットワーク分析の概念ですから、パーソナルネットワークだけに応用されるものではありません。企業の戦略論でも、この概念が大活躍します。人間関係に「戦略的視点」を持ち込むことの是非はさておき、空隙という「ないものの」効果についてはおわかりいただけたでしょうか。

これもまた、不可視性に加えて、関係のないことの効果を考えるという、ネットワーク分析の逆説的なおもしろさの一つです。物理学には、ダークマターと呼ばれる暗黒物質があります。これは、空間に多数存在して、相互に作用しているのですが、目には見えずとらえられない暗黒物質です。関係の力もまたダークマターのようなものです。

関係は顕在化されると変わる

逆説ついでに、さらに、ここで問題を複雑にするのが、「関係は、他者に注目されると変化する」ということです。かの有名なホーソン実験[3]では、作業場の工員たちの態度や生産性が、研究者であるメイヨーやレスリスバーガーらによって観察されることで大きく変わった様子が詳しく述べられています。人間関係への注目が、作業者たちの関係のありかたに影響を及ぼしたのです。関係の「可視化」の問題です。

人間関係は顕在化させられると、変化しがちです。他人からあからさまにされることで、強化される関係もあれば、弱体化する関係もあります。変質する関係もあります。新たな他人が登場し、その視線にさらされると、すでに関係をもっていた人々の意識や行動が変わるためです。他者にさらされても変質しなければしないほど、関係は頑健で貴重と言えます。

空隙の議論は、目に見えない関係を特定することで、空隙の存在をあからさまにし

[3] 1924年から1932年にかけて米国のウェスタン・エレクトリック社で行われた研究です。生産性への人間関係の影響を指摘した古典的研究です。

ます。すると、あからさまになったそのこと自体が、状況を変化させる力となって場に働き始めます。つまり、隙間を埋めようという人が出て来てしまいます。欠如に注目すること自体が、当事者たちの関係を変化させてしまうのです。

人は関係に空隙があるとそれを埋めたくなりがちです。ましてや、そこに漁夫の利ならぬブローカーのうまみがあるとしたらなおさらです。放置しておいても、知り合いの知り合いが紹介や偶然を通じてつながってしまうのが人間関係です。同質的な人間であれば、なおさらつながりやすく、人間関係の成長は重複しやすいという性質をもっています。

そのため、空隙に注目し、そこの架け橋となる戦略は、短期的には有効ですが、長期的な継続は困難です。自分の周囲に橋がかかり出し、自分が唯一のゲートキーパーでなくなる日はいつかはやってきます。その日は、えてして本人が意識しているよりも早く来るようです。「仲買人」「仲介者」という性質をもつ立場の多くは、比較的短命だという研究結果もでています。

「もし全員が構造的空隙戦略をとったら、何が起こるか」をシミュレーションで実験した論文があります。皆が、橋をかけ空隙を作ろうとし続けると、最終的には、誰もがネットワークから利益を得られない構造で安定してしまう結果が出ています。[4]

「情報は自由になりたがっている」という言葉がありますが、人間関係の空隙は、埋められたがっているのかもしれません。[5]

[4] Buskins, Vincent & Amount van de Rift (2007) "Dynamics of networks: If everyone strives for structural holes." *American Journal of Sociology*, 114(2), pp. 301-407.

[5] 英語では、情報は "free" になりたがるという表現です。「自由に」とも「無料に」とも解釈が分かれるところです。

1-3 関係定義と効果計測

人工物のネットワークはいざ知らず、人間関係の抽出と測定は本当に難しいものです。統計学者である知人は言います。「データになってさえいれば絶対に負けないのだがデータを取ってくるまでが大変だ」と。まさしく、そのとおりだと思います。彼らはナンバークランチャー（絶対計算者）ですから、赤ん坊がおしゃぶりを離さないように飽きずに数字と格闘し続けます。その数学的センスと統計的腕力に、社会学者としては心から敬意を表します。

しかしこのナンバークランチャーを嘆かせるのは「データにする」前の部分、すなわち、関係の抽出です。行列にさえなっていれば、もう、彼らの離散数学の知識で戦いうる対象ですから問題はありません[1]。しかし、行列に「コミュニティ内の人間関係」や「職場の協力関係」を落としこむ、この過程でこそ、我々パーソナルネットワーク研究者は本領を発揮します。

[1] 離散数学とは、有限個の対象または連続でない対象を研究する数学です。

表1　関係抽出のチェックリスト

(1)	ネットワークの境界（外部と内部）は、しっかり区切られていますか。 境界の区切りを説明できますか。 大事な人をとりこぼしていたり、余分な人を含めたりしていませんか。 なぜ、一部の人をネットワークに含めて、それ以外を部外者とするのか、論理的に説明ができますか。
(2)	紐帯の定義は一義的ですか。 異なった質の紐帯を混在させていませんか。
(3)	関係は具体的な行為に基づいたものですか。 感情や感覚、認知など、揺れ動きやすいもの、変わりやすいものによって関係を定義していませんか。
(4)	質問紙の言葉遣いは適切ですか[2]。
(5)	模範的な「良い子・良い人」の回答を導きやすい質問になっていませんか[3]。

関係抽出時の確認事項

質問紙調査で関係を抽出するには「ネームジェネレータ」を使うことは、前著『ネットワーク分析』で記したとおりです。重要なことを相談する相手や、情報交換をする相手を、調査対象者に想起してもらい、その人たちの相互関係を尋ねる方法でした。

まずは、ネームジェネレータでデータをとる時の確認点と、おちいりがちな過ちをセットにしてみます。

表1は、ネットワークデータを収集する際の注意事項ですが、加えて、ネットワーク効果を見る時の大事な注意点をあげたいと思います。この問題は大変重要なのにもかかわらず、ではどうすべきだという良い解決法が見つかっていません。つまり、表のデータ収集時の注意点のように一筋縄ではいかず、分析者自身が判断するしかない問題です。

[2]「大切な人」と「重要な人」、「相談する人」と「情報交換する人」では、回答者がまったく違った人々を想起してしまうからです。性別、年齢によっても言葉への反応のしかたは違います。何度かプリテストをして、性別や年齢ごとの傾向を知っておくと良いでしょう。

[3] 恋愛関係や個人的な関係については、えてして社会的に望ましい回答がされがちです。規範的な回答なのか、本音の回答なのかに注意しましょう。「こうあるべき」、「こうありたい」、「こうである」のどのレベルで尋ねているのか、質問の意図をわかりやすくしましょう。特に小集団の調査、恋愛や交際関係、経済的貸借や他人の信頼性に関わるパーソナルネットワーク調査時には注意が必要です。

ネットワーク効果の同時決定性

その注意点というのは、**ネットワーク効果の同時決定性**です。ネットワークの特徴量を算出する指標は多々あります。一つのネットワークデータがあったら、各構成者の中心性や、結合関係、構造同値性やクラスタリング係数の計算ができると思います。

そして、やっぱり中心性の高い人はリーダーシップがあるな、とか、構造同値性の高いペアは競合関係にあるな、空隙の多い人はパフォーマンスが高いぞ、といった分析に進むかと思います。私も先行研究や恩師にならい、そのような方法で計算と分析をしてきました。しかし、問題は、この先です。

ネットワーク効果は「全体の型」が決まれば、自動的に算出され、決定されます。メンバーそれぞれの**媒介中心性**も、**クラスタリング係数**も、**空隙**の度合いも、ネットワークモチーフの数も計算できます。しかしたとえば、ある部署の従業員の生産性をY（被説明変数）として、いくつかのネットワーク指標をX_1、X_2、X_3（説明変数）として、重回帰分析を行う場合、ネットワークから計算できる構造特性の指標はたくさんあります。そのなかのどの指標から抽出された特徴が（つまりどのような構造上の特徴が）、真に生産性を決定したと言えるのでしょうか。

もちろん、事前に何らかの仮説は用意してあるかと思います。「グループにおけるプレイヤーの中心性と生産性が関連する」とか「プレイヤーのエゴネットワークのクラスタリング係数と生産性は相関する」といったような仮説です。X（説明変数）は前者では中心性、後者ではクラスタリング係数、両方のモデルにおいて生産性がY（被説明変数）になります。

初歩的な統計の知識があれば、このような仮説ができたらすぐにXとYの相関係数を計算したり、回帰分析を実施したりすると思います。そして、被説明変数であるYのバリエーションを、効果的に説明するXを選ぶと思います。そしてその指標が生産性に及ぼす効果をもって、ネットワークの効果とみなすでしょう。

基本的に、ネットワーク分析では、個人の生得的属性よりもネットワーク効果を重視します。これは前著『ネットワーク分析――何が行為を決定するか』で詳しく説明したので、ここでは短くすませます。

生得的属性は、行為や信条と相関することも多く、人々の行動を確率的に予測するのに有用ではありますが、行為の理由にはなりません。DNAや性別、生年や出生地で、人々の社会的な行動や信条が「決定」されるものでしょうか。やや、血液型や星座の占いのようにも聞こえます。むしろ人々に「特定の行動をとらせる」周囲の人間や、「特定の信条や価値観をもたせる」他者の存在こそが原因

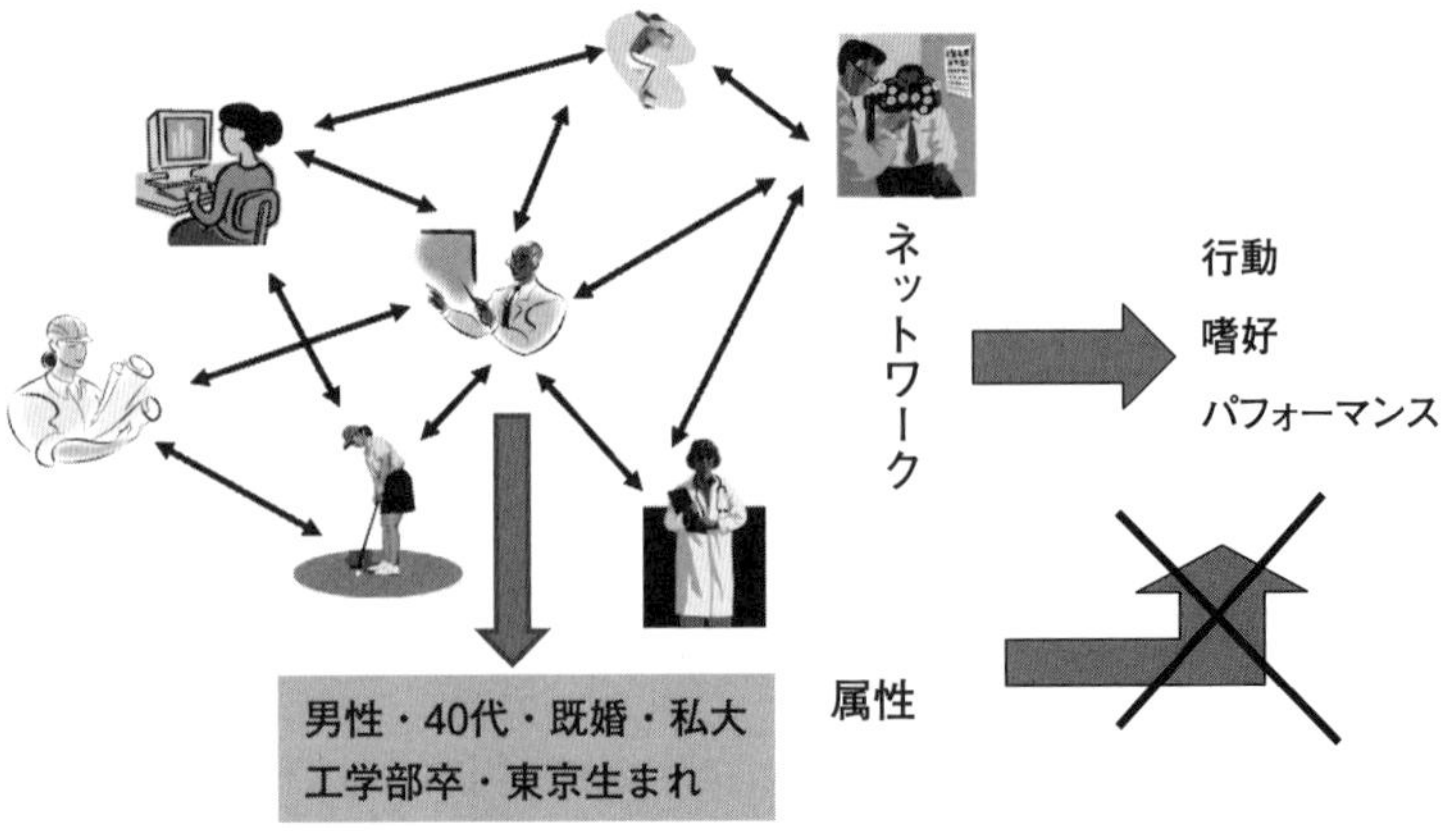

図3　属性効果とネットワーク効果

ではないかと、ネットワーク分析では仮説をたてます[4]。

しかし、ネットワークの一つのデータセットがある場合、私たちはそこから、同時にいくつもの指標を計算できます。データセットは一つですから、そこにある構造に基づいて、中心性、クラスタリング係数、結合関係や密度などがいっぺんに計算できます。さて、生産性というY（被説明変数）に対して、このいっぺんに計算された指標のうちの、どれが影響を及ぼしているのでしょうか。ネットワーク指標のうち一つだけがYと強い関連性をもっていれば、おそらくその指標が生産性に影響を及ぼしていると判断できるかもしれません。しかし、被説明変数ときれいな対応関係を見せるネットワーク指標が複数あった場合はどうでしょう。

ネットワーク指標は互いに高い相関を示すことが多々あります。わかりやすい例をあげると、**次数中心性**[5]と**媒介中心性**[6]の相関です。この二つは構造次第で完全に一致もしますが、多くの場合0・9前後の高い正の相関係数を示します。エゴネットワークの密度とクラスタリング係数も、正の相関が高くなりがちです。こうなってくると、中心性の効果、と言ってもそれが次数中心性の効果なのか、媒介中心性の効果なのかが判別しにくくなります。クラスタリング係数と密度についても同じことが言えます。

もちろん、分析戦略的には、相関係数の高いほう、回帰分析のフィットの良いほうの指標を単純に採用してしまうこともできます。事前の仮説で、どちらかの指標に目

[4] もちろん、行為や心情の説明力があがるモデルが作れるならば、生得的属性とネットワーク特性との両方をあわせた分析も行います。

[5] 点につながっている線の本数を次数、次数で定義する中心性を次数中心性と言います。

[6] ネットワーク内の人々を結ぶ最短経路の上に居る程度を媒介性と呼びます。媒介性で計った中心性を媒介中心性と言います。

をつけていたのであれば、当然、その指標を採用することになるでしょう。しかし、本当にそれで良いのでしょうか。どちらの中心性が本当に効果を発揮しているのか、どの指標が本当は説明したい事象と相関しているのか。もしかしたら、同時決定的に決まりうる指標で、見落としているものがあるかもしれません。そのネットワーク構造に潜んでいる、その他多くの構造特性を、知らなかったり、考慮にいれなかったりという理由で、見過ごしているかもしれません。

関係の効果を測定する時には、ネットワークの指標は同時決定性があること、効果を及ぼしうる可能性のある指標をできるだけ多数検討すること、自分にとって未知のつながりの特性が効果を及ぼしている可能性が捨てきれないことを、常に頭にとどめておきましょう。

ネットワーク構造のどの部分に、どのようなつながりの型に、行為を動かす真因があるのかを見極める。これは、とても難しく、それだけに挑戦のしがいがある仕事です。

1-4 ネームジェネレータの限界

質問紙調査において、パーソナルネットワークを抽出する際に使われるのが、**ネームジェネレータ**と言われる質問項目です。

ネームジェネレータでは、まず、重要なことを相談する人、病気になった時に助けてもらう人、日常のちょっと困ったことを相談する相手など、特定の関係の文脈を指定します。回答者には指定された関係についてあてはまる人を想起してもらい、「それは○○さんと▲▲さん」「Aさん、Bさん、Cさん」など仮名をあげてもらいます。さらに、それぞれ想起された人について、性別、年齢、職業などの属性をさらに回答していってもらいます。最後に、回答者に、○○さんと▲▲さんは知人か否か、あるいはA、B、Cさんは互いに知り合いかどうかを尋ねて、知人関係の紐帯を足していきます。これで線を引けば、回答者を中心としたエゴネットワークが簡単にとれます。[1]

1990年代に米国のGSS調査で使われて以来、パーソナルネットワーク調査の定番ともなっている質問法です。私自身、マネージャーのネットワーク分析や、企業

[1] 個人をとりまくネットワークをエゴセントリックネットワーク、略してエゴネットワークと言います。
詳しくは安田雪（1997）『ワードマップ　ネットワーク分析』新曜社、参照。

における従業員間関係分析などでよく使ってきました。回答者を中心として、その人を取り囲むネットワークを抽出するには大変便利で、きれいにエゴネットワークがとれるので重宝されています。

ところが、この方法には明らかな欠陥があります。二つ前のパラグラフに戻って、もう一度、文章を良く読んで見てください。このやりかたで、本当に「正しいエゴネットワーク」が抽出できるのでしょうか。

実は、ネームジェネレータには、明らかにまずい点があるのです。説明してしまうと、「あ、なんだ、そうか！　確かになぁ」あるいは「そんな簡単なことか！」と、誰しも即座に納得する単純な話です。これは、ぜひ、ご自身で問題点を思いついて欲しいところです。

とはいえ、以下に答えを記しましょう。「宿題」にして自分で考えたいかたは、32ページまで、読み飛ばしてください。

紐帯の混在

ネームジェネレータには二つの大きな問題があります。一つ目は「紐帯の混在」、二つ目は「認知と実際の混在」です。一つ目から説明します。

例として、ネームジェネレータで相談ネットワークをとるために、「重要なことを相談する人」を想起してもらう場合を考えてみましょう。この質問からは、回答者と想起されたA、B、Cさんの間にある相談をする関係が抽出できます。ここまでは良いのですが、問題はこのあと、想起されたA、B、Cさんの相互関係です。ネームジェネレータでは、この3人は「互いに知人か否か」、場合によっては「親しい知人か、ただの知人か、まったく未知の人か」を尋ねるのですが、これは明らかに「相談する関係」とは質が違います。

つまり回答者は、想起された人々に「相談する」関係をもっているのですが、想起されたA、B、Cさんの関係は「知人かどうか」という、まったく別の関係になってしまいます。

回答からは、たとえば構造としては、図4のようなエゴネットワークがとれます。けれども、実際にとれたのは、回答者と想起された人々との相談関係（実線）と、想起された人々が知人かどうかの関係（点線）ですから、このなかには異なる二種類の関係が混在してしまっています。はたしてこれで、相談ネットワークが抽出されたとみなせるでしょうか。どこか落ち着かない気持ちになると思います。

それではこれを修正して、完全な相談関係のネットワークをとるためには、どうしたら良いのでしょうか。その方法を考えようとすると、先の第二の問題、「認知と実際の混在」の意味が自ずから明らかになってきます。修正問題から考えてみましょう。

現状の設定では、相談ネットワークを抽出しようとしたにもかかわらず、関係と知

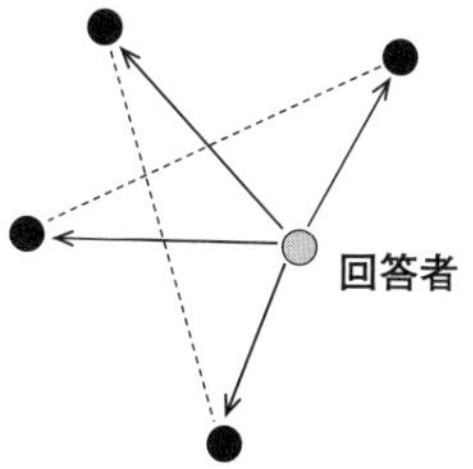

図4　ネームジェネレータによる紐帯の混同

人関係が混在しています。もしA、B、Cさんの「相談関係」の有無を特定できれば、この齟齬は解消され、きれいな相談ネットワークがとれそうです。そのためには、質問部分の後半を、「A、B、Cさんは互いに重要なことを相談しますか」に変更する必要があります。

ですが、問題はここにもあります。回答者は、Aさん、Bさん、Cさんの間に相談する関係があるかどうかを知っているでしょうか。AさんがBさんに重要なことを相談するかどうか、BさんがCさんに重要なことを相談するかどうか……などということを、正しく、回答者は知っているでしょうか。これはかなり難しい問題で、回答者は「おそらく相談する間柄だろう」「おそらく相談などしないだろう」と想像して回答する以外ありません。もしかしたら、回答者は想起したA、B、Cさんのそれぞれの間の関係を正しく把握しているかもしれませんが、まったくそんな知識も理解もない可能性も高そうです。

認知と実際の混在

ネームジェネレータの第二の問題は、この「実際」と「認知」の混在です。回答者と想起された人々との間には、「実際の相談関係」があるのですが、想起された人々同士の関係は「回答者の認知」すなわち、回答者が「おそらくこうであろう」とする理解、あるいは想像による関係なのです。今回の例では、想起された人々の間の相談関係を抽出するのは困難だという説明をしていますが、ここでさらに元のネームジェネレータの設定をふりかえってみてください。相談関係の有無が回答者にはわからないだけではなく、知人関係についてもまったく同じ「認知と実際」の混在問題が発生しているかもしれません。図4の実線は「実際」、点線は「認知」の関係なのです。

回答者は、自分が想起した人々が互いに、知人か否か、親しいか否か、まったくの未知の人間かどうかということを、100％確実に知っているという保証はありません。エゴネットワークの登場人物が、父母、兄弟、といった知人であることが確実なケースもあります。しかしネームジェネレータで指定する関係の文脈がデリケートになればなるほど、想起した人々同士の関係についての知識は疑わしくなっていきます。エゴネットワークで想起した人物が、父母や兄弟、祖父母などであった時に、彼らの間には傍目にも明らかな知人関係があることは断定できますが、彼ら彼女らが「互いに重要なことを相談する」間柄かどうかの判断は、さほど確実ではないと思います。関係が微妙になるほど、回答者の推定判断は曖昧さを増し、ネームジェネレータが抽出する関係の信頼性は下がってしまいます。

ネームジェネレータが抽出するネットワークにおいては、回答者本人と想起された人々の紐帯は実際の関係、それ以外の紐帯は回答者の想像する関係です。意外に単純なことですが、ネームジェネレータの盲点になりがちなので、この点を忘れずにネームジェネレータは使ってください。

最初に指定する関係の文脈にこだわらず、想起された人々が互いに「知人かどうか」を尋ねてネットワークをとるという方法もあります。また、全体の関係の統一を優先して、登場してきた人々同士の関係も一貫した文脈で尋ねるという方法もあります。

前者でおしすすめていくなら、互いに知人関係があることを理解ないし推定したうえで、回答者は彼らに相談していることがポイントになります。後者の場合には、回答者が「おそらく相談をしている（していない）だろう」と判断をし、その判断のうえで自分が彼らを相談相手とするという選択をしていることが回答から得られる重要な含意になります。A、B、Cさんが知人であるからこそ相談をする場合もあれば、A、B、Cさんが知人でないからこそ相談をするという選択もあるでしょう。同じく、A、B、Cさんが相談しあう関係だからこそ回答者も彼らを相談相手にすることも、相談などしあわない独立した人々であるからこそ、回答者は相談に行くという判断もあると思います。

どちらの尋ねかたにせよ、認知と実際という種類の異なる関係は混在します。こういった制約と限界をはっきりと理解したうえで、それでもあえて、ネームジェネレータを使ってエゴネットワークを抽出する、それが重要なことだと思います。[2]

これほど重要な紐帯の区別の話でも、紐帯を引く、引かないという判断さえ終われば、関係に重みをつけないとすると、ただの「1か0か」というデータになってしまいま

[2] 前項の関係抽出のチェックリストでは、あえて「異なった質の紐帯を混在させていませんか」「関係は具体的行為に基づいたものですか」とさらっと流した文章をいれておきましたが、その意味がはっきり理解できたかと思います。

います。そこには1と0という関係の有無の差こそありますが、関係の質という情報はまったくあらわれてきません。いったん行列データにおとしこんでしまうと、「紐帯の質の異なり」という曖昧な事象は捨象され、忘れられがちなのです。

自分の手でデータを抽出する立場の人間だからこそできる目配りと考察を大切にしましょう。それが我々、人間関係の理解を目的とした研究者が得意とし、世界に貢献できることです。

1-5 複雑ネットワーク

ここで、近年新しく開発された、あるいはかつてから存在はしたのですが最近になって脚光を浴びてよく利用されるようになった、いくつかの指標や手法の紹介をします。

食物連鎖などのシステムバイオロジー、ウェブリンク解析などでよく使われる指標で、いずれも理工系のネットワーク研究者が好んで使いますが、社会科学系の研究、特に応用研究においてはその有用性にもかかわらず、まだ十分に活用されているとは言えない概念です。[1]

[1] 林幸雄（編著）（2007）『ネットワーク科学の道具箱』近代科学社

ハブとオーソリティ

最初に紹介するのは、中心性を詳しく考える時に有用な、**ハブ**と**オーソリティ**の概念です。

中心性は、文系、理系、どちらにもなじみが深く、社会学者も多用しますが、ハブはさておきオーソリティ概念は、計量的にほとんど使われていません。「権力」や

「権威」という言葉をグラフの構造だけで定義するのに抵抗がある社会科学者がいるためかもしれません。その点、中心という言葉は、まだしも中立的な響きがあります。

ハブとはもともとは車輪の軸部のことですが、中心的な存在という意味で、一般的にも「羽田をハブ空港にしよう」などといった表現で使われています。人々が集まる場所、という意味でしょうか、Hubという洋風居酒屋もあるようです。

一般用語では、航空機や顧客が入ってくるか、出て行くかといった方向性については考慮せず、中心という意味になっていますが、研究者がハブとオーソリティという時には厳密な区別があります。[2]

ざっくりと言ってしまえば、ハブは他者へ多数の関係をさしむけているアクター、オーソリティは他者から関係が多数入ってくるアクターを指します。ウェブページがリンクを多数出していればハブのページ、他者から多数リンクを張られていればオーソリティのページです。[3]

ハブとオーソリティの区別は、求める人と、求められる人という、関係の非対称性がある時には大変重要です。ハブという言葉は、方向性なしの中心というメタファーとして使っているのか、オーソリティ概念と対応して、紐帯を活発に外に多数出している状態を指しているのかを区別して使いましょう。

一番単純に考えれば、ハブは**出次数**、オーソリティは**入次数**です。[4] けれども、ハブ

[2] なお、ハブの考えかたは、生物多様性の研究にも使われています。動物の相互連鎖ネットワークにおいてはハブとなる生物を絶滅させると、連結度の低い他の生き物を絶滅させるよりも全体への影響が大きいことが確認されています。

[3] オーソリティとは「権威」ですから、まさに他者に情報を求められる権威あるページです。

[4] 出次数は、その点に入って来る矢印の数、入次数はその点から出て行く矢印の数です。

とオーソリティは次数で単純に決まるのではなく、さらに指標に工夫が凝らされています。

オーソリティは多数の関係を受け取る存在ですが、どういう相手から関係を受け取っているのかを考慮すると、同じ関係数を受け取っていても、ハブの度合いの低い人から関係を受け取るよりも、ハブの度合いの高い人から関係を受け取ったほうが、オーソリティの度合いが高くなります。中心的な人からもらった関係は自分のオーソリティ度をあげます。これは直感的にも理解しやすいと思います。

逆に、ハブは関係を出すほうですから、どういう相手に関係を出すのかを考慮するのです。オーソリティの高い人へ関係を出したほうが、ハブの度合いは高くなります。

ネットワークの構成者のハブの度合いがわかっていれば、その人たちから関係を受け取っている度合いに応じて、オーソリティの度合いが計算できます。オーソリティの度合いは、自分が関係を受け取っている相手のハブの度合いの総和です。ハブの度合いは、自分が関係を差し出している相手のオーソリティの度合いの総和です。

どちらかがわかっている場合には、とても単純な計算で、ハブの度合いもオーソリティの度合いも計算できます。

しかし、どちらもわかっていない場合には、少々ややこしいことになります。実は、ハブの度合いがオーソリティの度合いによって決まり、オーソリティの度合いが

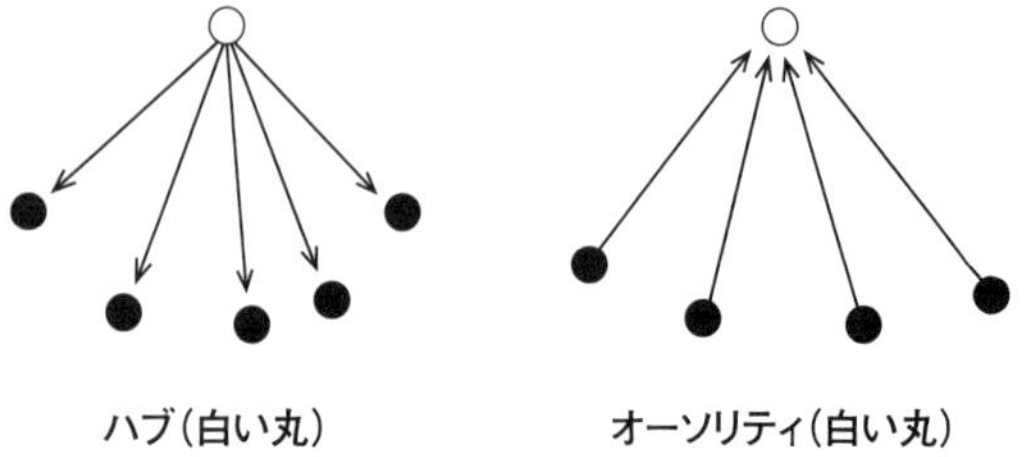

図5　ハブとオーソリティ

ハブの度合いによって決まるので、両方の値は計算して同時に解かなければなりません。詳細は略しますが、ハブとオーソリティを同時に求めるには、ＨＩＴＳアルゴリズムという、行列の固有値を利用した計算方法を使います[5]。

ネットワークモチーフ

次は、**ネットワークモチーフ**です。モチーフはシステムバイオロジーの研究でとりわけよく使われる手法です。社会ネットワーク分析では、古くから**トライアドセンサス**と呼ばれた、「トライアド（三者関係）のパターンの数え上げ」があり、これもモチーフ分析の一つです。近年では、トライアドを超えた４ノードや５ノードのパターンの数え上げもなされているためでしょう。トライアドセンサスは、モチーフ分析の一部になってしまいました。

わかりやすいので、ここではトライアドのモチーフを例にあげます。有向グラフのトライアドが連結している場合、存在しうるのは13個のパターンです。

ネットワークモチーフと言われるのは、この小さなかわいらしいパターンがネットワーク全体の中にいくつ出現しているのかを数える方法です。

一つの大きなネットワークを研究する際に、その構成要素をトライアドに分解し、そこに発生する組み合わせを見て、どのパターンが多く発生しているのかを数え上げます。そして、そのパターンの発生頻度と、ノードと紐帯数を同数にしてランダムに

[5] HITSアルゴリズムについては、斉藤和巳（2007）『ウェブサイエンス入門』ＮＴＴ出版、にわかりやすい解説があります。

作成したネットワークにおける各パターンの発生頻度を比較します。対象のネットワークと、ランダムに作ったネットワークで発生頻度に統計的に有意差があるかを検定するのです。何らかのパターンが突出して多いないしは少なく、統計的な有意差が認められた場合に、その突出パターンが、元のホールネットワークを特徴付けるモチーフだと考えるのです。

図6は、有向グラフの連結トライアドを描いています。一行目左からパターン1から6、二行目が7から12、三行目がパターン13です。

解釈がしやすいものと解釈がしにくいパターンがあります。パターン13はわかりやすく、非常に結束が固い三人組です。もしこれがネットワーク全体に多発していたら、三人組、そしておそらくそれ以上の人数で固まった派閥が多数あるにちがいありません。全体としても、双方向の結束性をもったネットワークでしょう。

個別のトライアドの特性を考えるのは比較的容易ですが、その発生頻度が高くとも、それがそのままホールネットワークの特性とは限らないことに注意をしてください。

パターン9もきわめてわかりやすい、循環型の関係です。これが多発しているならば、ホールネットワークでも、局所局所で関係がきれいに循環していることが推測されます。情報ネットワークだとすると、局所的な三角のなかを情報がぐるぐる循環しているイメージです。

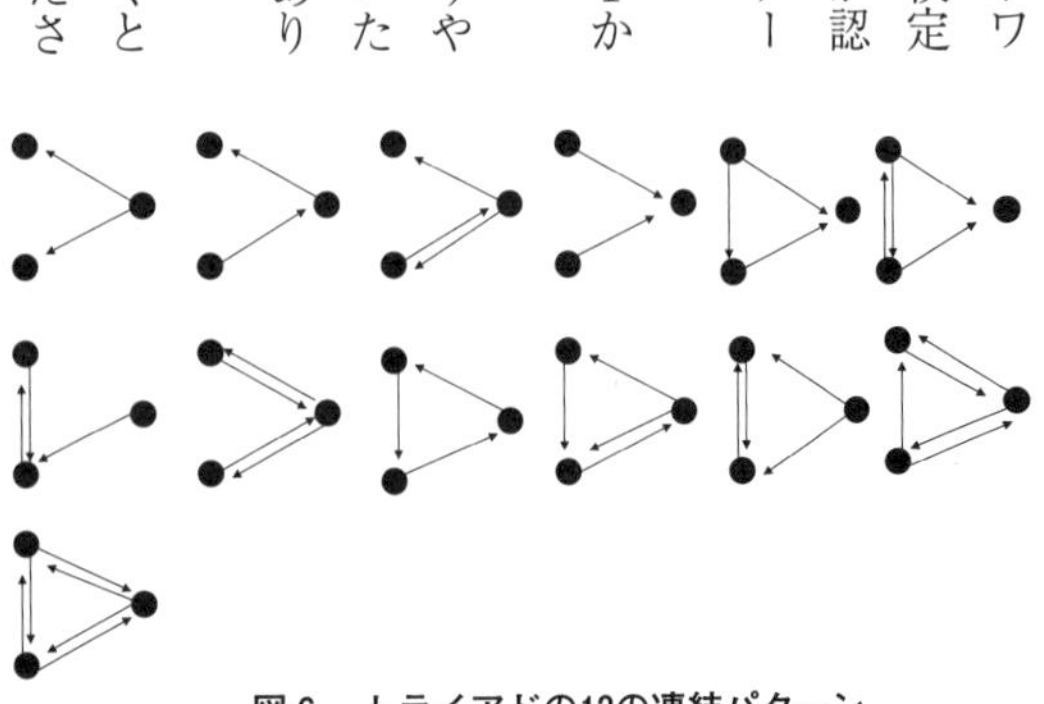

図6　トライアドの13の連結パターン

パターン1のトライアドが示唆するのは、一方的に関係が流れるヒエラルキー型の構造です。パターン2のトライアドでは、関係が次々に先送りされていく流れのあるネットワーク、パターン3は双方向プラス一方向ですから、二者でシェアされた関係が外に向かって出て行く構造です。パターン4は関係が集約していく形です。パターン5は関係が推移的になっています。二人がつながっているなら、もう一人もつながるというのが推移性の概念です。パターン6は双方向の結合関係があり、そこから、残る一人に向けて関係が伸びています。だんだん、関係が複雑になるとともに解釈も難しくなります。もちろん、ランダムネットワークよりも発生頻度が高いパターンは、一つだけとは限りません。複数、存在する場合もあります。そうなると解釈はいっそう複雑になります。逆に発生数が極端に少ないパターンに注目し、そこからホールネットワークの特徴を考察する方法もあるでしょう。

ここまではモチーフをトライアドに限定してきましたが、モチーフはトライアドに限りません。4ノードモチーフや、5ノードモチーフも可能です。当然、起こりうるパターンの数が指数関数的に増大しますが、トライアドを超えたモチーフの数え上げと比較研究も、すでに進んでいます。モチーフの分析は可能性が多いだけに、使いこなすには試行錯誤が必要です。

モチーフ分析において重要なのは、局所構造からの機能類推です。

モチーフの現れ方によって、ホールネットワークの特性を考えるという提案がされた論文では、モチーフの発生頻度を、異なる種類のネットワークで比較考察し、探索的にその差異を検討しています。食物連鎖、ニューロン、電気回路、WWWのモチーフ分析を行い、それぞれに特徴的なモチーフを抽出した結果、情報処理を行う系である電気回路とニューロンでは、類似のモチーフが多数発生するというおもしろい結果を導いています[6]。この論文は、まったく異なる種類のネットワークに横串を刺して、モチーフ分析を行い比較することが主題です。こういうモチーフが多発するから、全体としてはこうこうという解釈は、この論文のテーマではありません。これらの解釈には、システムバイオロジーあるいは脳科学などの専門知識が不可欠です。

発生パターンの数え上げと、ランダムネットとの比較検定までを主戦場とする分野では好まれる手法ですが、その後の解釈が重要な個別領域、とりわけ、パーソナルネットワークや社会的相互作用、組織研究などでは、その制約のためか、まだ、あまり使われてないようです。ぜひ、今後の応用研究が花開いて欲しい手法です。

個別モチーフの性格の理解と、そこから類推しての機能、そして、そのモチーフの全体における発生頻度からの「全体の機能」の推測という、ミクロとマクロをつなぐおもしろい作業がまっているはずです。

リンククラスタリング

関係の性質に注目し、ペア、トライアド、あるいはそれ以上の単位で、似通った属

[6] R. Milo, et. al. (2002) "Network motifs : Simple building blocks of complex networks" *Science*, 298, pp. 824-827.

[7] リンククラスタリングの応用は、丸井淳己・加藤幹生・松尾豊・安田雪 (2010)「m・i・x・iのネットワーク分析」第24回人工知能学会号稿集

性のリンクを数え上げていくのが**リンククラスタリング**の手法です。いわば、紐帯の分類とまとめあげです[7]。

　教室内の友人関係を例に、まず、二者関係で考えてみましょう。教室内にはたくさんの友人関係があるでしょうが、これを同性つながり（女性同士、あるいは男性同士）、異性つながり（男女の仲良し）としてとらえると、同性つながりのペア数、異性つながりのペア数がわかります。クラスメイトの男女数が同じでも、内に女性つながりと男性つながりが多く、異性つながりが発生していなければ、このクラスの友人関係は同性関係が支配的なことがわかります。もしかりに、女性つながりが少なく、男性つながりと、異性つながりが多ければ、このクラスの女子の関係が疎遠なことがわかります。友人関係のつながりを構成するペアの特性によって、リンクの性質（同性つながりか異性つながりか）を決めて、関係が整理できます。

　教室内ではあまりに画一的なので、ある地域の住人関係を考えてみましょう。ここでは同性つながり、異性つながりはもちろんのこと、同世代つながり、異世代つながり、さらに年齢層を細分化して、集合住宅内のリンクの分布を調べることが可能です。青少年は青少年同士の同世代つながり、サラリーマンは地域の同世代とも同性ともつなが

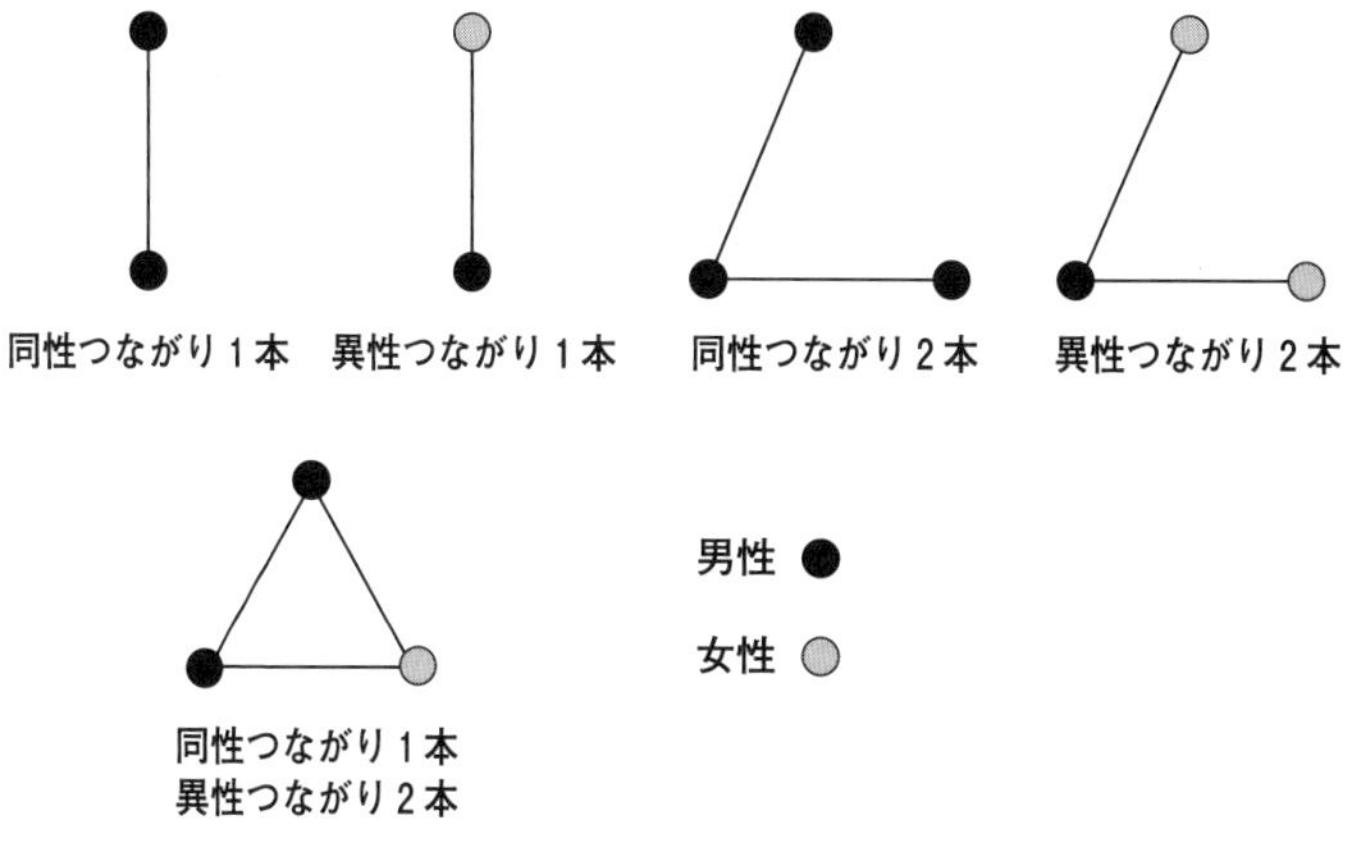

図７　同性つながりと異性つながり

りが薄そうです。主婦は同世代、同性つながりを多数構成していそうです。老人は意外と、未就学の幼児や乳児、地域滞在時間の長い主婦などとの世代差の大きい関係を保持していることでしょう。

都市と農村漁村などを比較すれば、地域Aでは同世代つながりばかりが発生しており、地域Bでは同世代に加えて異世代つながりも少なからず発生しているといった差が見られるはずです。誰がどうつながっているかはもちろんのこと、リンククラスタリングを考えることで、どういう種類のつながりが特定のネットワークのなかには多く発生しているのかを確認し、そのネットワーク全体の特徴や傾向を推し量ることができるのです。

これは行為者の特性によって単純に、集団をラベル分けしているわけではありません。また、グループ内外のつながりの強さによって、コミュニティ分類をする方法とも違います。リンククラスタリングの特徴は、個別ノードの属性ではなく、紐帯の質が同じものをまとめあげることです。

ここまでは二者関係、ペアのリンクについて考えてきましたが、これを三者に拡張することもできます。先のネットワークモチーフでは、三者関係の型とバリエーションを押さえ、それぞれの発生頻度を数え上げるという作業をしました。

今回もネットワークのなかから、存在するすべてのトライアドを取り出し、その三者がとりもつ3種類の関係の種類によって、リンククラスタリングを行うわけです。

地域の人々のつながりを10代ごとに分けてリンククラスタリングをするとしましょう。つながりが同じ世代なら同世代つながり、違った世代なら異世代つながりとして、異世代つながりの詳しい年齢差分については考慮しないものとしましょう。

友人ネットワークから、完全トライアドであるA、B、C3人を取り上げた場合に、

A、B、Cの全員が10代　リンクは3本とも同世代
A、Bは10代、Cは20代　同世代1本、異世代2本、
A、B、Cは10代、20代、30代、各一名　異世代リンク3本

といったリンクのバリエーションが想定され、実際にはどのパターンが発生しているのかを特定できます。

ネットワークモチーフ同様に、ホールネットワークのトライアドを数え上げて、年代差なり、ジャイアンツの好き嫌いなりで、リンクをクラスタリングし、それぞれのリンクパターンの発生頻度、分布を見ることでホールネットワークの特徴がつかめるわけです。

異世代トライアドが多く発生しているコミュニティやサークルのネットワークは、同世代トライアドのみしか発生していない、それらよりもはるかに多様性が高いネットワークです。逆に同質トライアドが圧倒的というホール

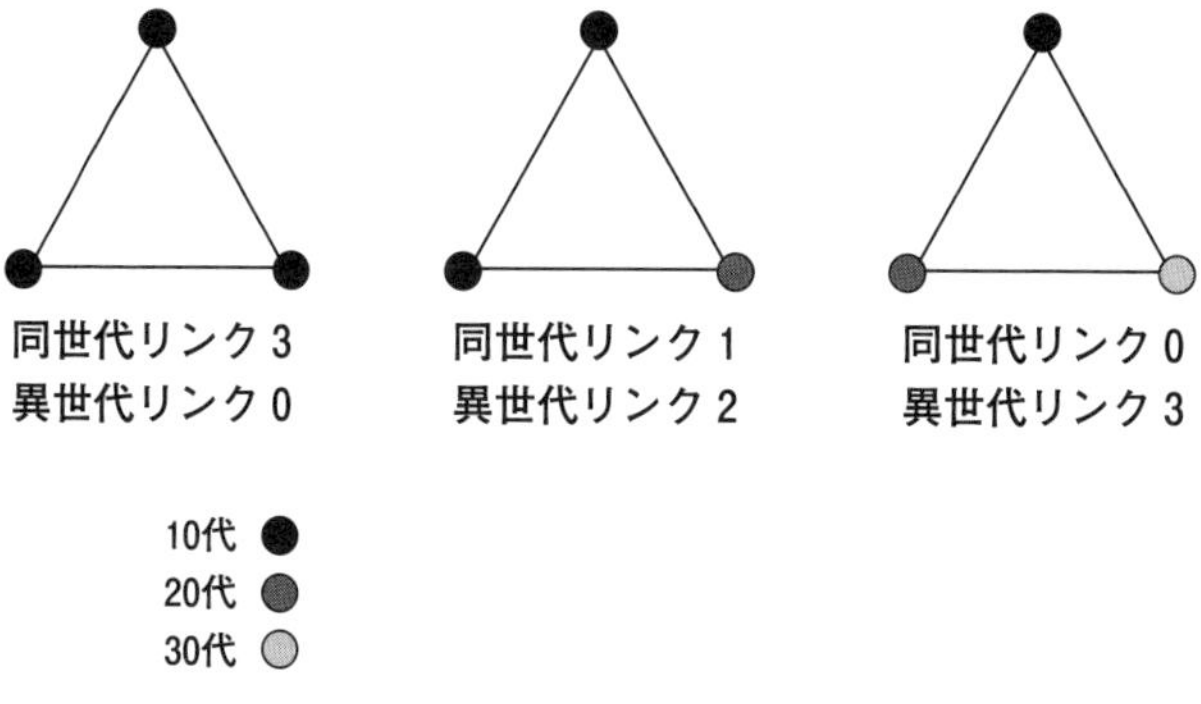

図8　世代のリンククラスタリング

ネットワークがあれば、やや、その均一化が弱点にならないかと心配です。

これらは個々のノードの属性と、そのつながりかたとの双方を良く見て、ホールネットワーク全体の性質を考えていくおもしろい方法です。

さらに、リンククラスタリングは、ノード属性やノードの差異のみだけではなく、紐帯の強さによっても組み合わせができると思います。トライアド、かつ、関係が無い、弱い、強い、の3種類で考えてみましょう。

（強、強、強）の三人とも強い紐帯で結びついている場合を最強としても、（強、強、弱）、（強、弱、弱）、（強、強、無し）、（強、弱、無し）までいろいろなバリエーションが考えられます。孤立点や二者関係までをも許容すれば、さらにバリエーションが増えます。

これらトライアドの発生頻度を数え上げていくわけですから、特徴を把握するためには、ある程度の規模のあるネットワークが必要です。リンクの分類の有無、強度とラベル分けを増やしていくにつれて、論理的に存在可能なパターンがどんどん増えていきます。

当然、何をもってリンククラスタリングの基準とするか、そして、その基準をもとにリンクのラベルを何段階に分けるのか。ネットワークの大きさと紐帯数、そして、そのネットワークの特徴を真に把握するために必要

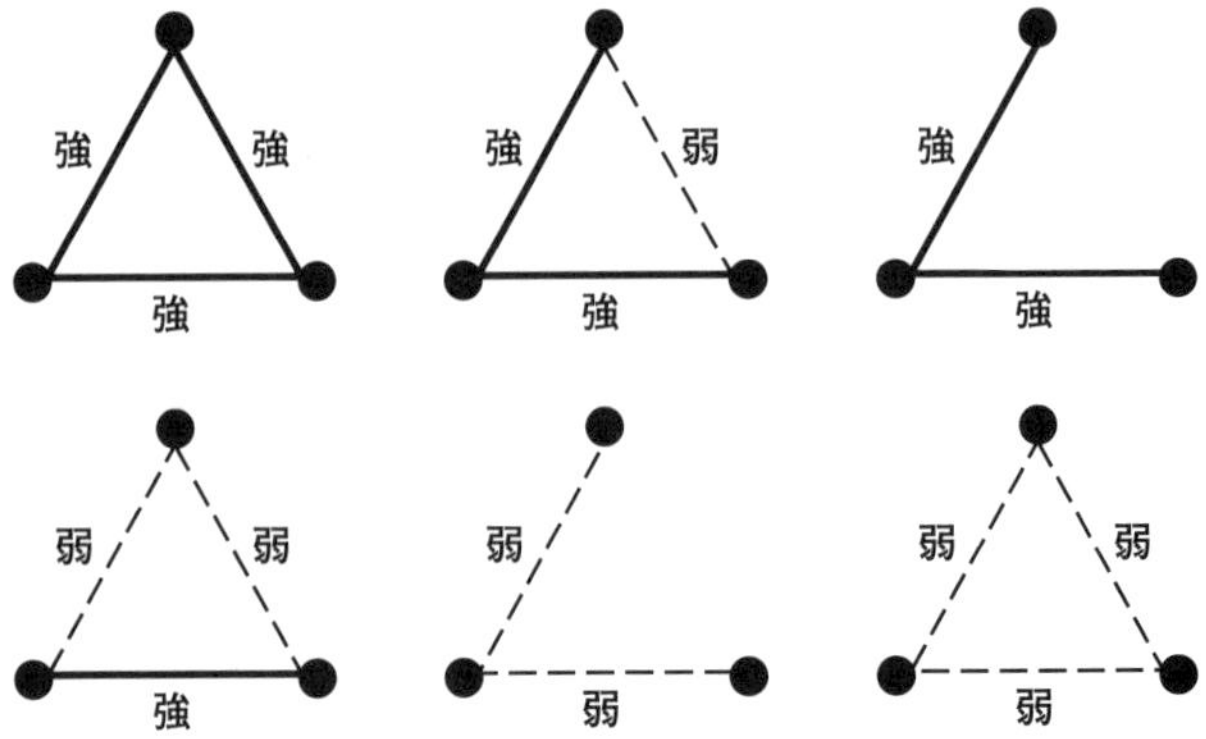

図9　トライアドの発生パターン

な基準の設定は、まさに分析者の腕の見せ所です。

モジュラリティ

最後にネットワークをコミュニティに分割する手法についてふれます。

コミュニティは多義的な概念ですが、社会学的には〝一定の地域の住民が連帯して作る共同体〟というのが一般的な考えでしょう。比較的強い連帯感に支えられた共同社会とも言えるかもしれません。バウマンは、コミュニティを「安心」すなわち「異なる他者の不在」と強く結びつけています。[8] ソーシャルキャピタルの項で、コミュニティ概念についてはまた解説しますが、私たち社会科学系の領域では、コミュニティとは、あくまでも一定空間内で相互作用する人々の連帯感や共同感が重要な要素になっています。

一方、統計物理学者は、ネットワークからまったく地域や心理といった要素をぬきにして、コミュニティを特定する方法をあみだしています。

複雑で大きなネットワークは、いくつかの細かい部分に分割できれば扱いやすく、理解しやすくなります。SNSデータは膨大な人の相互関係の連鎖ですが、これを仲良しグループや共通性の高いグループで分けられれば、全体構造を少しは理解しやすくなります。

ネットワークも一つのごちゃごちゃした大きなスパゲティの固まりとしてではな

[8] ジグムント・バウマン／奥井智之（訳）(2008)『コミュニティ——安全と自由の戦場』筑摩書房

く、できれば、内部構造が、「どのような大きさのコミュニティが、いくつくらいあるのか」という形で理解したいものです。この時に、現実社会のコミュニティであれば、町なり都市なりの空間概念と人口によって規模やありようが把握できますが、ネットワークデータの場合は、ＳＮＳで交わされている文章の内容を読む、だとか、企業のメールログデータであれば送受信者を部署ごとに分ける、あるいは、内容をテキストマイニングに分けてグループ解析をするなどの操作が必要になりそうです。

一方、関係のありかたのみ、つまり、つながり構造だけから「コミュニティ抽出」を行う手法が開発されています。関係データからのコミュニティ抽出（community detection）の手法は複数あり、現在も開発と比較検討が続いていますが、おそらく、ニューマンらが開発した、モジュラリティ概念が一番、重要でしょう。

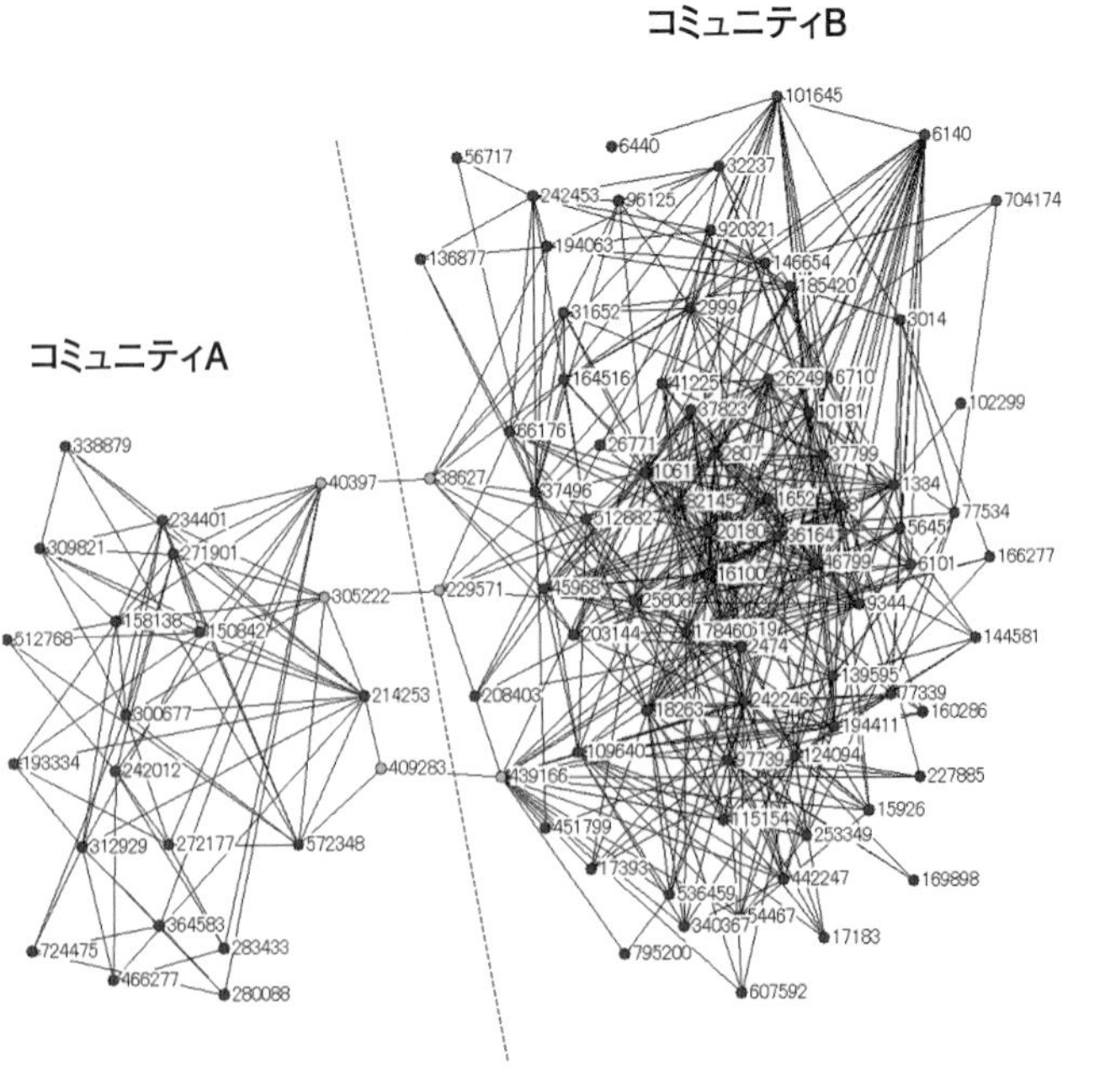

図10　コミュニティ分割

ニューマンらのコミュニティ抽出、あるいはその後のバリエーションに典型的なのは、コミュニティのメンバー同士に、そのメンバーとそれ以外のメンバーよりも強い関係があるように、メンバーを分割することです。

コミュニティ内の人々の関係は、コミュニティ内と外部の人の関係よりも多い、強い、あるいは活発であると想定して、この条件を満たすようにホールネットワークを切り分けて整理し、構成要素をコミュニティにまとめるのです。

数学的に言えば、「グラフを、エッジの密度が高い複数のサブグラフへ分割すること」という身も蓋もないドライな文章になりますが、〝コミュニティ内の関係が濃密で、コミュニティ同士を結ぶ関係の密度が低いほど、コミュニティ分割がうまくいっている〟と、表現すればわかりやすいでしょう。[9]

コミュニティ抽出研究に研究者の目を向けたのは、ギルバンとニューマンの論文でしょう。[10] ニューマンらは自分たちの方法で抽出するコミュニティを「モジュール」と呼びます。そして、モジュールの切り分けの適切さの評価指標として、**モジュラリティ**（Q）を提案しています。

モジュラリティという指標は、モジュールのなかの紐帯数を、同じ大きさ同じ紐帯数のランダムネットワークの期待値と比較するものです。このモジュラリティの値を最大にするように、コミュニティ抽出をすべきだという「最適化問題」が、ニューマンらにとってのコミュニティ抽出問題です。[11]

[9] 直感的には納得のいくきりわけかたですが、実際に大規模ネットワークを解析して、コミュニティ分割を行う計算は大変に複雑です。

[10] M. Girvan & M. E. J. Newman (2004) "Community structure in social and biological networks", *Procedure National Academy of Science USA*, 99, 7821-7826.

[11] 最適化とは、ある目的関数を最大の（ないし最小の）望ましさに近づける方法です。最適化研究では、最適化を行うための方法＝アルゴリズムの速度、効率性、正確さを研究者は競います。

モジュラリティ（Q）の値が最大になるようにネットワークを分割するのですが、全員がばらばらの初期状態から段階的にコミュニティを作り上げ、Qの値を少しずつ改善させていくクローゼットらのアルゴリズムなどが知られています[12]。

コミュニティの抽出とネットワークの分割問題に関しては、コンピュータパワー、洗練されたアルゴリズム、あるいはシミュレーションなど、高速かつ効率的な手法をめぐって統計物理学の分野で熾烈な競争が行われています。また、ニューマンのモジュラリティの最適化では、ある種のネットワークでは紐帯数の分布などにより、適切にコミュニティ抽出ができない場合があることもわかっており、改善手法の提案も含め、抽出法の比較検討も進んでいます[13][14]。

コミュニティは社会学的には古くからある研究対象ですが、ネットワークからのその抽出方法は、まさに最先端の物理学者、数学者らがしのぎを削る研究対象となっています。後述する、スケールフリーとともに、ネットワークモチーフとモジュラリティは、精緻化と応用研究が進行していますが、複雑ネットワークの研究者による三大発見と言えるでしょう。

ネットワークモチーフ、リンククラスタリング、モジュールなどの概念を本当に巧みに社会現象に応用した仮説検証型の研究はほとんどありません。まさに、これからの応用研究がまたれる概念ばかりです。

[12] A. Clauset, M. E. J. Newman, & C. Moore (2004) "Finding community structure in very large networks", *Physical Review*, E 70, 066111.

[13] Santo Fortunato & Marc Barthelemy (2007) "Resolution limit in community detection", *PNAS*, January, vol. 104, No. 1, pp. 36-41.

[14] M. E. Newman (2010) *Networks*, Oxford University Press.

Ⅱ

パーソナルネットワークに関する論争

「そんなんじゃないんだ。みんなが馴染みの仕入れ先にこだわるのは、そこがよそより信用できるからじゃなくて、よそより疑わしくないからなのさ。」

――テオドル・ベスター『築地』和波雅子・福岡伸一訳，p. 372.

ネットワーク分析は大きく分けて、（1）モデル作り、すなわち、構造特性を抽出する指標の創造と洗練、（2）既存の指標を用いたネットワーク構造の探索的解析と記述、そして（3）モデルをもとにしたネットワーク効果の実証を試みる応用研究に分けられます。

モデル作りや、探索的構造分析と記述は、反証が可能であるという意味で、きわめて科学的ですから、これらの領域においては大々的に対立する論争はあまり起こりません。一方で、応用研究においては、とりわけ社会現象におけるネットワーク効果の研究では、なかなか激しくかつ楽しい論戦が起こることがあります。

パートⅡでは、この四半世紀ほどの間に、ネットワークに関する理論で激しく論争になったテーマをいくつかあげていきたいと思います。25年もの期間ですから、勝敗がついて決着した論争、いまだに論戦真最中のもの、融和点を見つけて対立が解けてしまった理論、研究者の関心が遠のきうやむやのまま対立している論点など、さまざまな帰結の論争があります。これらのうちから、特におもしろいと思われるものを選んで論点を整理していきます。

論点整理の作業は、想像以上に楽しい仕事でした。自分の思考や立ち位置も、この作業を通じて明らかになってきたような気がしています。

いずれの論争も、どちらかが一方的に正しい、あるいは誤りであるという性質のものではありません。ぜひ、自分はどちらの側により共感するのか、どちらを支持するのか（もちろんいずれも支持しえないということもありうるでしょう）を考えてみてください。そして同時に、ご自身の判断が、よってたつ理由、（経験、論理、感覚、観察……）もあわせて、整理してみてください。

2-1 ソーシャルキャピタル

関係に内在する力

ソーシャルキャピタルとは、おおまかに言えば、人々が相互に築く〝関係〟に内在する力のことです。関係がそれを担う人々にもたらすメリットと言えるかもしれません。社会学的には、個々人に還元できない、社会的なつながりによって生まれる強みと定義できるでしょう。これも「有る」ことが問題ではなく、「無い」ことが問題な関係です。

社会関係資本、関係資本、社会的資本など、訳語も揺れています。[1] さすがに関係という「目に見えないものが発揮する力や効力」を、いずれの日本語訳もうまくとらえきれないため、結局はカタカナの「ソーシャルキャピタル」が定着しつつあります。[2]

私財か公共財か

この概念がおもしろいのは、ソーシャルキャピタルを、マクロな公共財的視点からとらえる立場と、よりミクロな戦略的な関係活用視点からとらえる立場が存在することです。マクロな定義とミクロな定義は、関係こそありますが、注目するポイントが

[1] 社会学では古典中の古典である、デュルケム、あるいはヴェーバーといった大御所の名前でさえ、日本語表記に揺れが見られます。時代背景、訳者の研究背景などが反映していておもしろいものです。夏刈康男（2008）『タルドとデュルケム』学文社に、Durkheim の日本語表記についての論争が詳しく紹介されています。デュルケム、デュルケーム、デュルケアン、デュルカイム、ヂュルケヤンまたはヂルケンの6通りの表記と、それぞれの表記を使う著名な研究者が記されています。

[2] キャピタルは「資本」です。とはいえ、新古典派経済学の人々の考える「資本」とはまったくかけ離れた概念です。歴史的には、古くはハニファン、ロウリーら農村社会学者らが提唱しており、1980年代のコールマンらの関係モデルを経て、ロバート・パトナムが世界的に

まったく違います。

もちろん、これは「定義」をめぐる問題なので、一方が正しく、一方が間違っているというわけではありません。どちらのほうが、言葉として人々の心にしっくりとして定着していくのか、それが明らかになるまで時間をかけて待つ。そういったタイプの静かな対立が、マクロな考えかたとミクロな考えかたにはあるようです。双方とも、非常に説得力があり、対立して論争しているというよりは、おたがいに乖離したまま共存しつつ、場面に応じて聞く人にその判断をゆだねているように思えます。

ロバート・パトナム[3]が、ソーシャルキャピタルをマクロな公共財として考える代表的論者です。

ネットワーク・互酬性・信頼性

パトナムはソーシャルキャピタルを、「個人間のつながり、すなわち社会的ネットワーク、およびそこから生じる互酬性と信頼性の規範[4]」と定義します。

人々が日常生活中、互いに友情や信頼、善意や共感をもって暮らしているようなコミュニティでは、ソーシャルキャピタルが豊かで、都市に活力があり、犯罪率も低くなります。逆に、住人に信頼関係や互酬性の少ないコミュニティでは、日常生活の効率も悪く、都市の活力も下がります。友達とではなくたった一人でボウリングを楽しむアメリカ人の姿に、米国社会における、互酬性と信頼性の規範の低下を読み、それ

大流行させた概念です。

新古典派経済学は、ソヴィエト連邦の崩壊後、勢いを失ったマルクス経済学を退け、現在の経済学の主流派です。新古典派経済学では、ソーシャルキャピタルのような投資効果があるのかどうか、はたしてその見返りを金銭に還元しうるのかさえあやふやなものは、資本とは考えません。

[3] ロバート・パトナム（1941－）は、689ページにのぼる大著『孤独なボウリング』で一世を風靡しました。ハーバード大学のケネディ行政学大学院で教鞭をとる彼の議論は、世銀やOECDなど国際機関にも圧倒的な影響を及ぼしました。

ロバート・D・パットナム／柴内康文（訳）（2006）『孤独なボウリング――米国コミュニティの崩壊と再生』柏書房

[4] パトナム　同右書 p.14.

を何よりも憂えたのがパトナムでした。

コミュニティの衰退というのは都市社会学のみならず、公共政策においてもきわめて重要な、解決すべき課題です[5]。国内であれ海外であれ、治安の悪い町、場末の町、さびれてしまった町角を通り過ぎる時、多くの人が不安を覚えることでしょう。不信感に満ちた人々が暮らす町は、荒れ果てた感じがして、旅行者でさえ歩いていて気持ちが良いものではありません。逆に、住民が互いに声をかけあい、互助精神に満ちた良好な信頼関係をはぐくんでいる町や地域であれば、自分がまったくその土地で異邦人であろうとも、安心して気持ちよく歩き回れます。ソーシャルキャピタルは、その地域で過ごす人々がつむぎ出す関係の力です。

今、生活経験全般を通じて感じている不安は、誰にもあるかと思います。いつか来る大地震などの天災に対して、私たちが漠然と感じている不安は、地震の規模や直接的な被害はさておき、それ以上に、その際に予想される政府や自治体の機能不全、そして地縁や血縁からの支援の欠落に対してなのかもしれません。

一方、よりミクロな意味に限定して、ソーシャルキャピタル論を唱えるのが、ナン・リンやロナルド・バートです。パーソナルネットワークの研究では、ソーシャルキャピタルを、より私的にとらえることが多いのです。リンは人間は、自分が持っているお金や物、名誉や学歴といった有形無形の資源とは別に、社会的なつながりを通じて到達できる資源について述べています[6]。顔の広い人は、多様な情報や多くの支援

[5] 広井良典(2009)『コミュニティを問いなおす』筑摩書房

[6] ナン・リン/筒井淳也・石田光規ほか(訳)(2008)『ソーシャル・キャピタル』ミネルヴァ書房

を得られますし、知人や友人が少ない人は、人からの支援も情報もあまりもらえないでしょう。こうした個人の私的なレベルで、リンはソーシャルキャピタルをとらえます。

バートも同じく、ソーシャルキャピタルを個人レベルでとらえます[7]。彼はミクロな関係が個人にもたらすその利点に注目することではリンと共通です。しかし、彼がリンとは異なるのは、他者との相対的な位置関係――つまり他人が持ち得ない関係――を自分がもつことによって、もたらされる利益をソーシャルキャピタルととらえることです。ネットワークの隙間――空隙――をうまく使うことでもたらされる、他者と比べての相対的な有利さ。これがバートの論じるソーシャルキャピタルです。リンとバートはともに、コミュニティにおける公共財としてのソーシャルキャピタルという考えはもっておらず、あくまでも私的な観点から、個人が自分のもっているつながりから直接得られる利益を、ソーシャルキャピタルととらえます。

パトナムはこの見方に対して、

「もし個人的な影響量や友情といったものが社会関係資本であるというだけのことであるならば、目鼻の効く、利己的な個人は適切な量の時間とエネルギーを投資し、それを獲得しようとすることが予想できよう。しかし社会関係資本は同時に「外部性」を有していてコミュニティに広く影響するので、社会的つながりのコストも利益も、つながりを生み出した人のみにその全てが帰せられるわけではない。後で再び論

[7] ロナルド・バート／安田雪（訳）(2006)『競争の社会的構造』新曜社

じるが、つながりに富む個人であってもつながりに乏しい社会にいる場合は、つながりに富んだ社会にいるつながりに富む個人ほどには生産的たり得ない。そしてつながりに乏しい個人であっても、つながりに富む社会に住んでいる場合はそこからあふれでた利益を得ることがある場合もある。[8]」と述べ、ソーシャルキャピタルの「私財」としての側面と「公共財」としての側面を切り分けて論じています。もちろんパトナムが重視するのは、その「公共財」としての側面です。

[8] パトナム、(2006) 前掲書、p.16

フリーライドのしやすさ

この引用文でおもしろいのは、パトナムは、公共財としてのソーシャルキャピタルが、いともたやすくフリーライドできると指摘しているところです。

みなさんも旅行先が治安の良い町であれば、安心して夜遅くまで散歩をしたり夜景を眺めに町に出たりすると思います。夜の散歩に出たくなるような町は、防犯カメラがはりめぐらされ大量の警察官が街を巡回したり、ガードマンが建物ごとにいるような町ではないはずです。APECなどの大規模な国際会議が開催される時には、その町に全国から警官が集まり、検問や防犯につとめますから、きわめて治安は良いはずですが、必ずしも住民がその町でその期間、より安心・安全で暮らしやすいとは思わないでしょう。むしろ、住民同士が挨拶をしあい、公園で子どもや母親が遊んでいたり、夜景を見ながらカップルが楽しそうに微笑みあっている、そういう町でこそ、旅人も心おきなく、その町を安心して楽しめます。この時、旅人は、住民のソーシャルキャピタルにフリーライドしていることになりますが、誰もそれを責める人はいないと思います。

公共財としてのソーシャルキャピタルは、フリーライドされても簡単には減衰しないのです。[9] 一方、ミクロな私的レベルでのソーシャルキャピタルは、フリーライドされにくく、しにくいものです。人々は誰もが固有の人間関係に埋め込まれています。世界中の誰ひとりとして、他人とまったく同一の人間関係をもっている人は、まず、いません。しいて考えられるとすれば、生まれたばかりの双子の赤ちゃんくらいではないでしょうか。この双子でさえ、数年もすれば、別々の友人、知人関係を築き上げていきます。同一の関係パターンをもつ人がほとんどいない故に、他人のミクロなソーシャルキャピタルからの利益は、かすめとれないのです。これもまた、公共財的ソーシャルキャピタルと私的ソーシャルキャピタルの大きな違いです。

[9] もちろん、その旅人が、町の安心・安全を良いことに、勝手気ままな粗暴なふるまい、たとえばゴミを放置したり、深夜に放歌高吟して歩いたりすれば、ソーシャルキャピタルは台無しになります。

効果と定義のトートロジー

ソーシャルキャピタルは、経済、医療・保険、防犯、教育、さらには途上国支援、社会サービス、まちづくりなど多様な領域に効果があるとされています。

「ソーシャルキャピタルの経済効果は、

（1）契約、訴訟コストの削減
（2）情報交換の促進
（3）外部性メリットを活かしやすくなる
（4）人的資本の蓄積と挑戦を促す
（5）消費を促進する
（6）公共施設サービスに影響を与える
（7）政府の効率的活動に影響する

などを通じて実現する可能性がある」と、宮川らは述べています。[10]

あまりにも良いことずくめすぎて、実現可能性については疑問もあります。ソーシャルキャピタルに本当にこれらの効果があるなら、政府をはじめ公的機関が市民によるソーシャルキャピタルの蓄積を情熱的に促すのもうなずけます。

手厚い社会・福祉政策を展開する大きな政府を求めず、市民の力を有効に活用し小さな政府によるガバナンスを求める人たちには、ソーシャルキャピタルの考えは大変に魅力なのです。

ここで注意したいのは、ソーシャルキャピタルの定義と効果の関連は、トートロジーになりかねないことです。[11] 人々のつながりにより生み出される関係、信頼と互酬性を、ソーシャルキャピタルとする以上、信頼や互酬性があれば当然「契約や訴訟コスト」は減り、情報交換も進むでしょう、外部性メリットを活かすのがネットワークで

[10] 宮川公男・大守隆（編）（2004）『ソーシャル・キャピタル』東洋経済新報社
　この他にも多々、経済効果をもたらすであろうメカニズムが論じられていますが、可能性の示唆にとどまるものが多数、列挙されているので、一部のみ引用しています。

[11] トートロジーとは同義反復です。「美人とは美しい人である」「良い価値を生み出すものが良い資本である」などのように、同じ内容の言い換えを意味します。

もあります。そう考えると、そういったものをソーシャルキャピタルが生み出すのか、そういったものを生み出す関係をソーシャルキャピタルと呼んでいるのか、という大疑問にぶちあたります。

このトートロジーが公共財的なソーシャルキャピタル理論の弱点の一つです。効果によって存在を定義している限り、この弱点は克服できません。トートロジー批判を乗り越えるためには、結果や効果以外の何かで、ソーシャルキャピタルの存在をあらわす必要があります。

だからこそ研究者は、ソーシャルキャピタルの計測手法に工夫を凝らすのです。

ソーシャルキャピタルを計る質問

パトナム流のソーシャルキャピタル研究は、まさに一世を風靡しました。パーソナルネットワーク研究とは話がやや違いますので詳しくは触れませんが、世界銀行やOECDが中心となり、世界的に「ソーシャルキャピタルの計量」が進められ、国際的に統一的な指標作りが試みられました。日本においても内閣府の調査に続き、国土交通省などが積極的に研究を展開しました。[12]

ネットワーク・信頼・規範

内閣府の調査では、地域のソーシャルキャピタルを「ネットワーク」「信頼」「規

[12] 内閣府委託調査「ソーシャル・キャピタル――豊かな人間関係と市民活動の好循環をもとめて」(2003)、国土交通省国土交通政策研究所「ソーシャルキャピタルは地域の経済成長を高めるか？　都道府県データによる実証分析」(2005) などの研究があります。

範」の三要素に分解し、人々のつきあい、信頼、社会参加を計測し、これらが合計特殊出生率、平均余命などの指標と正の相関関係があり、失業率、犯罪認知件数とは負の相関関係があったとしています。国土交通省の調査では、ソーシャルキャピタルのうち、規範が地域の経済成長に小さいとはいえプラスの影響を与えたことが確認されています。

内閣府の委託調査は、日本で最初の大々的なソーシャルキャピタルの測定でした。この調査における一番のポイントは、ソーシャルキャピタルの概念を、いかに人々の行動からすくい上げるかです。

具体的には信頼、互酬性の規範、ネットワークという、抽象度の高い概念を、どのようなアンケート調査の質問項目から導き出せるかです。

内閣府調査では、

「お宅では隣近所の人とのつきあいは多いですか」

「お宅では日頃つきあっている親戚は多いですか」

の2問をつきあい・交流（ネットワーク）の要素として、それぞれに「はい」と回答した人の割合を求めています。さらに、信頼を計測するために

「隣近所の人には信頼できる人が多いですか」

「親戚には信頼できる人が多いですか」

「職場や仕事でつきあっている人には信頼できる人が多いですか」

同じく、「はい」と回答した人の割合を求めます。

社会参加、すなわち互酬性の規範としては、

「あなたは地元の行事や祭りには積極的に参加したいと思いますか」

という質問と「ボランティア活動行動者率」を組み合わせて地域のソーシャルキャピタルの量を計量し[13]、はたして、それが、地域の活力や治安、経済状況と何らかの対応関係があるかを検討しています。

大きな調査のわりには意外にわずかな、本当に概念を適切に計測できているのか、ややたよりない質問に思えるかもしれません。確かにこれでは、もともと親兄弟など血縁関係が多い人のほうが、絶対数として血縁者が少ない人よりも「はい」と答える割合は、つきあいの程度や信頼の程度にかかわらず、高くなる可能性があります。居住地域に祭りやイベントがない地域の人々は、社会参加の機会すらないことになってしまいます[14]。

また、国交省の調査では、信頼と互酬性の規範が経済成長（GDPの成長率）に及ぼす影響を丁寧に検討しています。しかし、残念ながら、信頼がわずかに経済成長にプラスの影響を与えているだけで、互酬性の効果は認められませんでした。

「信頼」については、山岸俊男の名著『信頼の構造』から、活発かつ堅実な信頼研究の伝統が我が国にもあります。そこでは「特定の他者への信頼」と「一般的な（社会や他人）に対する信頼」を切り分けるべきだとする考えかたが主流になっていま

[13] すべて質問は全国県民意識調査の質問です。最後のボランティア活動行動者率のみは、社会生活基本調査（総務省）の調査項目です。

[14] もちろん、ネット上のヴァーチャルなつながりや、ウェブコミュニティに存在する互助精神といったものもまったく浮かび上がってきません。そういったヴァーチャルな世界でのつながり、信頼、互助関係をもソーシャルキャピタルに数えるか数えないかは、また別の問題です。

す。[15]

そこで内閣府調査でも、特定の他者と一般的信頼との質問回答を組み合わせて、信頼を計測しています。国交省調査では、この信頼尺度の構成において「一般的信頼」を含めなかったことが、効果が認められなかった原因かもしれないという考察がされています。[16] はたして信頼変数の合成方法を変更したら有意な影響力が認められたのかどうか、大変に興味深いところです。

パトナムの概念においては、確かに「信頼」と「互酬性の規範」、そしてそれらを可能にする「ネットワーク」こそがソーシャルキャピタルであるとされています。信頼をはじめ、互酬性の規範についても、地元の行事、祭り、ボランティア活動への参加希望度および参加率で計測することで十分なのでしょうか。行事や祭り以外にも、災害時、危機時の協力行動、寄付行動など、その他にも互酬性の計量に組み込むべき要素はいくつも検討できるかもしれません。

ソーシャルキャピタルを担うアクターを、個人だけに限る必要もありません。コミュニティの住民以外にも、企業やNPOなどの法人もソーシャルキャピタルの担い手になりえると思います。町内会の活動、祭りの時の寄付、ボランティアや地域イベントに積極的に参加する企業も増えてきました。CSR（企業の社会的責任）ということが、昨今、厳しく問われるようになってきたためもあるでしょう。

ソーシャルキャピタルを計量するための、調査票の設計と質問文の作りこみには、

[15] 山岸俊男（1998）『信頼の構造』東京大学出版会

[16] 国土交通省国土交通政策研究所（2005）前掲書、p. 12.

まだまだ改良と工夫の余地があるのです。

遠慮がちなソーシャルキャピタル

日本国内のソーシャルキャピタルに関する調査を紹介したので、ここで、今村らの「遠慮がちなソーシャルキャピタル」という概念を紹介したいと思います[17]。「遠慮がちなソーシャルキャピタル」とは、他者への遠慮や気遣いを主たる理由として発生する、関係参加とそれによるメリットです。つながりによって公益を求めるという意味では、パトナム流のソーシャルキャピタルですが、その発生メカニズムが違います。

このソーシャルキャピタルを発生させるのは、「誘われたら、参加する」「周囲に悪いから協力する」といった、いかにも日本的な気配りや気遣いです。良い意味での**同調圧力**[18]によって、人々は集団行動に参加します。その結果として、地域の互酬性や規範の共有が進んでいく。これが遠慮がちなソーシャルキャピタルの特徴です。

この、きわめて日本的とも言える関係形成原理を、今村らは、長野県の保健師らの健康診断普及活動を丁寧に観察して、導き出しています。また同じグループからは、「課題発見型の活動」は、ネガティブな雰囲気が漂いやすく、結果的に人のつながりを生み出しにくくすることも指摘されています[19]。確かに互いの優れたところや、コミュニティの価値の再発見を意図する活動のほうが、問題指摘や課題発見型の活動よりも人間関係の形成には効果があることが多いのです。

[17] 慶應義塾大学湘南藤沢キャンパス（SFC）の研究者たちが、長野県を中心としたフィールドワークを行ってねりあげた、きわめて日本的な概念です。
今村晴彦・園田紫乃・金子郁容（2010）『コミュニティのちから』慶應義塾大学出版会

[18] 同調圧力とは、集団内の人たちに、他の人々の標準や期待にそった特定の行動や態度をとらせるようと働く力です。

[19] 今村他（2010）前掲書
個人的な感覚では、工学者や経営学者よりも、社会学者同士のつながりが希薄なのですが、これが原因かもしれません。

東京都の雑司ヶ谷で、古く貴重な宣教師館を取り壊しマンションが建設されることになった際に、地域住民が「マンション建設反対運動」と称している間は周囲の人々の賛同が得られませんでしたが、後に、「雑司ヶ谷の環境と文化を守る運動」と運動方針を切り替えたところ、周囲の人々の支持が得られ、宣教師館の保存に成功したという例もあります。優れた戦略です。

パトナムは先の大著の最後で、政治家と市民、雇用者と組合リーダー、聖職者と信者、教育者と親、都市開発者、ジャーナリストらに大々的に、それぞれの場で、周囲の人々の関係への参与を促そうと、力強く訴えかけています。彼が先導するこのアメリカ的な運動と呼びかけのありかたとそれに応える市民や行政がめざすつながりと、長野県の保健師らが先導する活動と、それに応えた市民が作るつながりは、形成メカニズムこそやや違いますが、発動されたものには確かな共通性が見られます。

こういった文化や文脈によるソーシャルキャピタルの発生原理の違いや効果の解明も、今後に託された重要な課題です。

今村らのグループは、従来のソーシャルキャピタルの議論はその重要性を指摘するのみで、ソーシャルキャピタルを作り出す方法論がない点を問題視し、役割と道具の必要性を唱え、それらを適切に関係する人々に分散させる手法を提案しています。社会学者は批判的精神に富み内省的なかたが多いのか、不足や不備についての批判的検討に終始しがちな研究が多いなか、この提案は高く評価したいと思います。

確かに公共財的ソーシャルキャピタルの効果と可能性についての議論は多いのですが、どうすれば失われたソーシャルキャピタルを復活できるのか、あるいは存在しないソーシャルキャピタルを構築し蓄積できるのかについての議論、さらには、ソーシャルキャピタルの担い手たちを育成し、ソーシャルキャピタルを機能させていくための制度やツールはまだまだ不足しています。公共財的ソーシャルキャピタルは、大規模な都市や地域単位で計測されることが多いだけに、担い手である個人とその行動が埋没してしまい、具体的な打つ手も限られてしまいます。公共財的ソーシャルキャピタルの形成と維持の方法論を確立していくためにも、フィールドにおける丁寧な実証とともに、ミクロなメカニズムがまだ明瞭な私的ソーシャルキャピタル論と公共財的ソーシャルキャピタル論の接合が早急に求められます[20]。

公共財的なソーシャルキャピタルについては、詳細な専門書が多数ありますので、そちらに譲ります[21]。本書では、パーソナルネットワークにより深く関連する私的なソーシャルキャピタルについてのネットワーク分析者たちの議論を、詳しく検討していきたいと思います。

[20] 金光淳（2003）『社会ネットワーク分析の基礎』勁草書房

[21] 宮川・大守（2004）前掲書、稲葉陽二（編）（2008）『ソーシャル・キャピタルの潜在力』日本評論社

2-2 橋渡し型と結束型

次の論争は、ネットワークが利益をもたらすメカニズムについてです。経験的にも、知人や友人、あるいは家族が、わりの良いアルバイトや、バーゲンセールの噂、あるいは進学や就職に役立つ情報を紹介してくれるなど、人脈は良いものをもたらしてくれることに異存はないと思います。

しかし、人間関係は確かに有益なのですが、それがどのようなメカニズムで利益や良いものをもたらしてくれるのかについては議論が分かれています。

この議論の争点は、**橋渡し型**のネットワークと**結束型**のネットワーク、このどちらがソーシャルキャピタルとして有用かです。どちらもソーシャルキャピタルの概念をミクロにとらえる流れに属しており、パーソナルネットワークを戦略的にとらえ、その有効性を強く主張する考えかたは共通しています。

さて、橋渡し型も結束型も、どちらも人的ネットワークの型と性質をあらわしています。

カーネギーメロン大学のデビッド・クラックハートが「結束型」の、シカゴ大学のロナルド・バートが「橋渡し型」の代表的な論者です。

さて、結束型は、フォーマルで内部志向、日本人のお家芸である集団の結束力そのもので、直接結合の力を重視します。協調型、すりあわせ型とも言えます。情報や価値観が同質で、安定的な人間関係が営まれます。その反面、排他的傾向が強く、集団になじまない人間を追放してしまうことさえあります。

結束型はより多くの人と直接的に連結し、自分の仲間内でつながりがたくさんある状態、つまり周囲の人々と緊密な関係をもっていることを力の源泉とみなす考えかたです。結束型の人は小学校の人気者、グループの大将といったイメージです。直接結合している相手の数と、その相手同士が相互に連結しているかどうか、関係の量がそのままソーシャルキャピタルの量になります。

一方の橋渡し型は、関係の重複を嫌います。仲間内より外部志向、互いに面識のない人々の結節点として機能します。橋渡し型は、(巧みな)よせ集め型とも言えます。脆弱で不確実ですが、情報収集力には長けています。多様性も担保されています。多様な人種、文化的背景をもった人々と関わらざるをえないアメリカ人の得意とするところでしょう。

橋渡し型は直接、自分が他人とつながるのは良いのですが、自分が直接つながっている人同士に関係がない状態のほうが望ましいと考えます。自分から見て友達の友達が友達でない状態、つまり自分が、直接つらなる人たちの橋渡しをしている状態からこそ、最大のネットワークの効用が得られると考えます。自分が直接つらなっている人の数と、その直接つながっている相手同士が「つながっていない程度」に応じて、ソーシャルキャピタルの分量が決まります。後者の「関係が存在しない程度」にこそ力がある、関係の欠落部分が重要というのは、ないものの効果を論じるバート得意の概念化です。

どちらも、「これこそソーシャルキャピタル」であると言って譲りません。

仲介力か団結力か

結束力の強い集団が、個々人の総和よりも優れて大きな力を発揮することは、いわゆる「体育会系」の運動部や、集団主義的な精神論でもよく論じられることです。日本人は比較的、こういう結束した集団の力を高く評価する傾向があるように思えます。結束力の強い集団は、えてして同質的な集団になりがちです。同じ人と長時間一緒にいたり行動をともにしたりしていると、似たような物を見て、似たような話を聞いて、似たような世界とばかり接触していることになるので、思考や価値観がだんだん似て来るからです。

自分に似通った性質を好むことを、**同質原理**（ホモフィリー）と言います。同質原理のおかげで、似たような人が集まって結束するのか、結束しているうちにだんだん似通って同質的になってしまうのか、鶏と卵めいた議論なので因果関係はさておき、

「集団でよく集まる人々は似ている傾向がある」という対応関係は認められると思います。

なお、ホモフィリーの反対語はヘテロフィリーです。これは多様性、異種を愛する傾向です。[1]橋渡しが異質性を愛し、自分とは異なるものへ惹かれているとは必ずしも言い切れません。自分がつらなっている人々同士がつらなっていないのが「橋渡し」の条件ですから、自分が自分と異なる人とつながっているかは別の話です。

一方、橋渡しは結束した仲良し集団ではなく、むしろ、コウモリ、あるいは一匹狼に近い存在です。自分の友達は互いに友達ではなく、自分のもつ人間関係に重複が少ないため、多用な情報に接し、直接の知人を通じて広い範囲の外界情報を得ることになります。自分のつらなっている相手も、少なくとも自分という関係に重複性をもたない人間をネットワークに内包しているわけですから、相手のネットワークも完全な同質性からは免れています。橋渡し型のソーシャルキャピタルの理想は、異なるグループを媒介するように、いくつも橋をかける状態です。多様な人々との重複性の少ない効率の良い人間関係。これこそが橋渡し型のソーシャルキャピタルです。

さて、この2種類のソーシャルキャピタル概念を対比させたものが図11です。図11においては、AさんとBさんの保持する直接の知人数（紐帯数）は同一です。しかしそのつながりのパターンはまったく異なります。Aさんのパーソナルネットワークは、知人の知人が知人の状態であり、密度が高く重複しています。一方、Bさんのパ

[1] Homo は同胞あるいは仲間、Hetero は雑多、phily は愛を意味します。

ーソナルネットワークは、知人はAさんと同数いるものの、知人同士が知人でないため、その先の関係の広がりが大きくなっています。

違いはネットワーク密度と媒介性

次数で見れば同じ二人ですが、それぞれのネットワークの密度の違いは明らかです。さらに、中心性の違いに気がついたかたもおられるかもしれません。結束型のAさんと橋渡し型のBさんでは**次数中心性**は一緒ですが、橋渡し型のBさんのほうが媒介中心性が高いことに気がつかれたかたも多いと思います。[2]

媒介中心性とは、自分以外の他者の関係を効率よく仲介する力です。言い換えると、ある人が途中に介在することによって、人々の関係の最短経路を短くできれば、その人は媒介中心性の高い人です。

Bさんを仲介者として経由しないと互いに到達できない人たちがネットワークのなかにはたくさんいます。たとえAさんがいなくても、結束している人同士は仲間うちで互いに到達することができます。この意味ではAさんの存在の希少性は、Bさんにはかないません。他に代替がいない存在というのは、他者からの依存を一手に引き受けるという意味で大変に強いものです。橋渡し型の論者は、これこそがソーシャルキャピタルだとします。

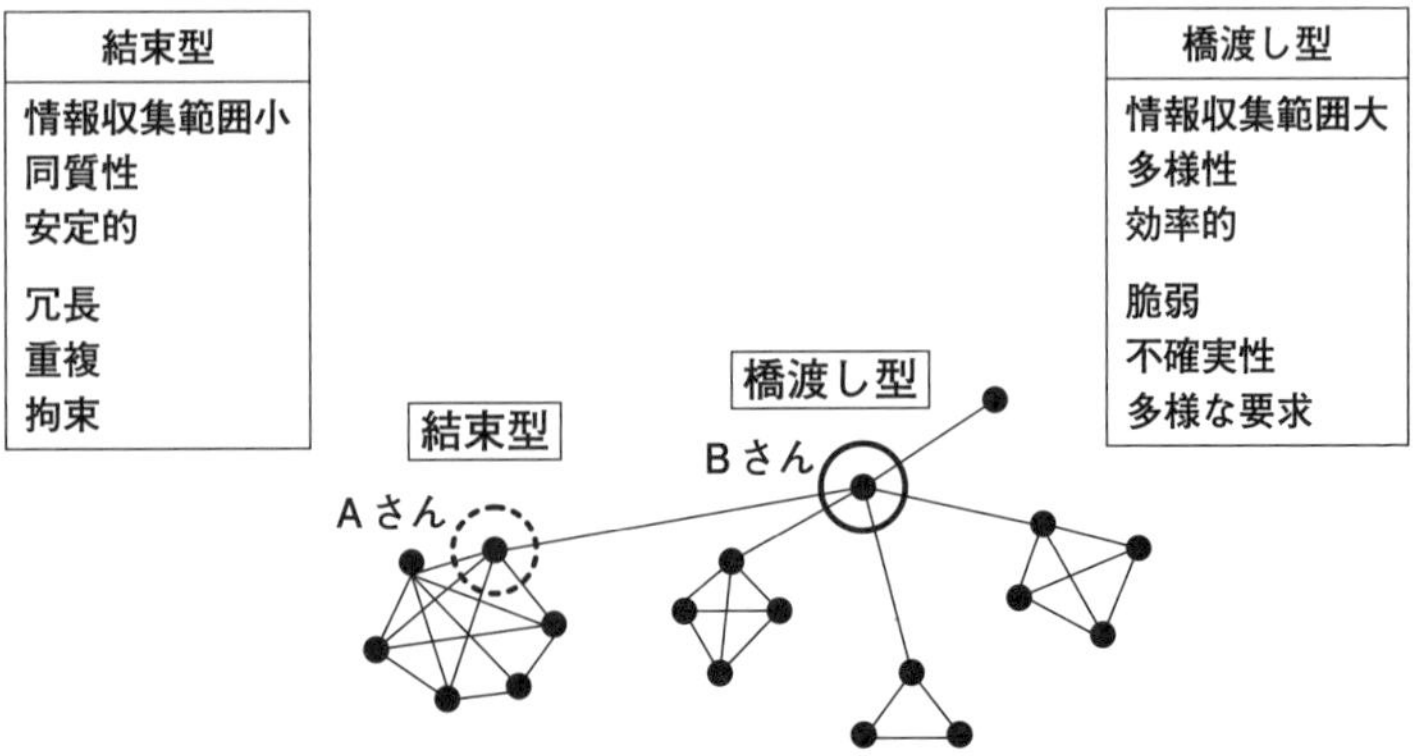

結束型
情報収集範囲小
同質性
安定的
冗長
重複
拘束

橋渡し型
情報収集範囲大
多様性
効率的
脆弱
不確実性
多様な要求

図11　結束型と橋渡し型のソーシャルキャピタルの対比

橋渡しの効果を論じるためには、直接的な関係だけではなく、その一歩先の関係まで把握する必要があります。関係の先の先、つまり間接効果を考えます。

ただし、人は、他人の人間関係を正確にはなかなか理解できないという認知制約があるため、単純にその量を推定したり、コントロールしたりできません。この点が、橋渡し型のソーシャルキャピタルの難しさです。さらに言えば、このようなネットワークの型は、仲介役割を本人が担いきった場合にのみ、ソーシャルキャピタルとして機能するものでしょう。実際には、異なる手段のもつ異なる価値観、圧力、期待や要求といったものを本人が統制しきれず、ソーシャルキャピタルとしてネットワークを使いこなすどころか、ネットワークに押しつぶされてしまう可能性もあります。

もちろん、結束型においても、仲間同士を結束させるという、自分で直接手を下せない紐帯をつないでもらうというタスクがあります。これはリーダーシップ論で強調される、「集団をまとめる力」です。

しかし、それぞれが独立で関係をもたない人々と自分だけが結びつく橋渡し型の状況と同様に、自分が関係する相手同士を本人の意向にかかわらず、緊密に結びつけていく結束型の状況も、そうそう簡単なことでは作れません。

人間関係をコントロールしようとすると、必然的に、他者の行動や感情を統制せざるをえなくなります。戦略的なソーシャルキャピタル論が反感をかいやすい理由です。「人脈を有効に活用する」だの「戦略的なネットワーキング」といった言葉には、

［2］次数中心性とは、ノードがもつ紐帯数を中心性の尺度とするものです。次数とは、ノードがもっている紐帯の数です。

他者を利用するというイメージがどうしてもつきまといます。皆が利他主義、少なくとも互恵主義に基づいて行動すれば、人々が他者と関わろうとする際の警戒心も減少していくのでしょうが、なかなか、ソーシャルキャピタルの議論と、利他的ネットワークという考えは相容れません。

いずれにせよ、関係を自分にとって有利な資源と考え、それを巧みに活用していこうとする戦略的な考えは、戦略的な二つのメカニズムの知識として評価はされても、こと友情や愛情といった人間の根源的な存在に関わる領域では役にたちません。

それでは、結局、結束型と橋渡し型では、どちらが有用なのでしょうか。

これについては、変化の激しい環境で生き残ったり、革新的なアイディアを生み出したりするために有効なのは橋渡し型で、安定的な環境で、時間をかけた長期的改善を積み重ねていくために有効なのは結束型のネットワークであるという仮説が長らく提示されています。

今のところ、これらの仮説をみごとに実証した研究は見当たりません。それぞれの有用性、効果については、いまだ仮説の域を出ず、結束と橋渡しという二つの類型ごとの目的別機能を解き明かすのは、今後に残された大きな課題です。

橋渡し型と結束型は対概念だからこそおもしろいのですが、「足下では結束、遠いところには橋渡し」がもっとも有効なネットワークの組み方だと論じる人もいます。自分の組織ではしっかり仲間と結束し、組織外の人々とは橋渡し関係でつながるのが一番効率よく、優れたソーシャルキャピタルのありかただという議論です。組織内外という境界を引いて考えれば、おとしどころを押さえたモデルかもしれません。これもまた、実証研究が待たれる仮説の一つです。

2-3 強い紐帯 VS 弱い紐帯

次に、紐帯の強弱とその機能についてのあまりにも有名な論争を紹介します。**弱い紐帯**の力については、グラノヴェターの名論文[1]以来、本当に長い間、論争が繰り広げられてきました。ここでは最新の興味深い論文を紹介したいと思います。とはいえ、弱い紐帯理論と紐帯の強弱に関わる論点のおさらいをまずはしておきましょう。

私たちは家族への愛、友情、恋愛や隣人愛など、強い関係を良いものとして評価してきました。人間は孤独でいるよりも、誰かと結びついているほうが良いという、暗黙の仮定がそこにはあります[2]。

この仮定は、「一人ではできないことでも複数が集まって協力すれば可能になる」、さらに「強い関係ほどより良い」「強い関係には、援助や支援機能があって役にたつ」という考えかたに容易に発展します。

社会に生きる私たちは他者を必要とし、他者に助けられています[3]。私たちは自分の力を差し出し、得意なことやできることをなすことによって、他の人々を直接的、間

[1] Mark S. Granovetter (1973) "The strength of weak ties" *American Journal of Sociology*, 78 (6), pp. 1360-1380.

[2] 孤独の機能については4-4項で後述します。

[3] あまりにも一方的な恋愛感情はストーカーの源ですし、強すぎる母性愛から逃れられず自立が阻まれるといった偏愛関係は例外として、基本的に社会生活を営むうえで、他人との関係は必要であり、一部の人々とは強くつながっていたほうが良いのです。これを否定する人は少ないと思います。

接的に助けます。その一方で、苦手なことやできないことは、直接的、間接的に他者の力を借りて生きています。この「社会的分業」が私たちの社会生活の基本です。だからこそ、私たちは社会の一隅に生きる者として、何らかの仕事をしなければならないのです。この社会的分業を唱えたのはデュルケムです。

つながりの古典理論

さて、同じデュルケム[4]は、社会における人々のつながりについては、**有機的連帯**と**機械的連帯**という概念を唱えています。前者は、独立した、異質の成員たちがその能力や個性に応じた分業を行いながら相互に結びつく社会のありかたのことです。一方の、機械的連帯とは、相互に類似した同質的な人々が機械的に結合した社会のつながりを指します。人々のつながりのありかたとその機能は、長い間、社会学がもっとも重視してきた研究対象の一つです。

彼がこの概念を提唱したのは19世紀ですが、その当時からも、人間関係には機能があり、その性質が時代と共に変化することが強く認識されていたわけです。

社会における人々のつながりかたには「類型」があることを示したのは、デュルケムだけではありません。テンニース[5]の唱えた**ゲマインシャフト**と**ゲゼルシャフト**の概念も、人間関係の類型化を行い、社会におけるつながりの変化に着目しています。これらの概念は、社会学の古典中の古典で、原著を読んでいなくとも、期末試験や、公

[4] エミール・デュルケム／井伊玄太郎（訳）（1989）『社会分業論 上・下』講談社

[5] フェルディナンド・テンニエス／杉之原寿一（訳）（1957）『ゲマインシャフトとゲゼルシャフト 上・下』岩波書店

務員試験対策などで目にしたかたは多いことでしょう。

こういった古典理論を読むと、社会の近代化にともない、人間関係のありかたが変化することへの強い危惧が感じられます。古くは家内制手工業から大規模な機械生産体制への移行、鉄道や自動車などの高速移動手段の発達と路線や道路網の整備、通信技術の発達などは、家族や小規模職場、地域コミュニティに存在していた、人々の関わりかたに質的な変化を生じさせます。個人レベルで関係が弱まり、関わる他者の数が減り、そしてローカルなつながりが減衰していくことで、よりマクロ的には社会の力が衰えていくというのは、ソーシャルキャピタルのパトナムにまでつながる理論の系譜とも言えます。

このように、社会の近代化は人間関係を希薄にし、コミュニティが衰退していく、これは人々にとっては望ましくない変化であるという伝統的な考えかたが一方にあり、また、誰しも家族や恋人からの愛情、友情、師弟愛といったものは喜びであり、ないよりはあったほうが望ましく、さらにあるならばより多く、強いほうが望ましいと何となく感じているものですから、「強い紐帯」のほうが「弱い紐帯」より役にたつ、そう無条件に思っていたわけです。誰だって、薄情な恋人や冷淡な先生（＝弱い紐帯）よりは、豊富に愛情を注いでくれる恋人や指導熱心な先生（強い紐帯）のほうが良いのは、あたりまえだと思います。

「強い関係神話」の崩壊

この「つながりは強いほうが良い」という絶対神話をひっくり返したのが、グラノヴェターの「弱い紐帯の強さ（力）」論文です。20世紀のネットワーク研究の古典中の古典とも言える論文です。

「強い紐帯が狭い範囲の人々を緊密に結びつけるのに対して、弱い紐帯はともすれば分断されがちな社会の、その内部の小さなコミュニティ同士を結びつける役割を果たす。情報収集と拡散においても、社会統合機能においても、実は弱い紐帯は優れた機能をもっている。」

これがグラノヴェター論文の主旨です。

それまで、人々がさしたる理由もなくあたりまえに思っていた、「社会関係は強いほうが良い」「社会関係が弱まっていくのは良いことではない」という常識をひっくり返した画期的な論文です。いかなる学問分野でもそうですが、人々が常識だと思っていたことをひっくり返す、まさに研究者の面目躍如です。

もちろん、この論文は影響力も大きかっただけに、後日、批判にもさらされています。

たとえばその一つに紐帯の力と言っているが、紐帯の数の効果ではないか、という批判があります。実は、世の中を見れば、弱い紐帯のほうが強い紐帯よりも圧倒的に数が多いのです。

また、弱い紐帯の機能とされているものは、紐帯の強弱に直接関係するものではなく、弱い紐帯は関係を仲介する部分に発生しやすいので、そのため、仲介力が高い紐帯は弱い紐帯であることが多く、したがって、社会統合を促進したり情報拡散に役立っているのは、見かけ上、弱い紐帯であることが多いが、実は仲介力（媒介性の高さ）の問題であるという批判もあります。疑似相関の指摘です。

しかし、このような批判にもかかわらず、グラノヴェターの論文は発表後30年以上を経てもその輝きを失ってはいません[6]。

関係は強いばかりが良いわけではありません。弱い関係にもそれなりの機能がありますす。電話の発展型として、かつて「テレビ電話」というものが想像されましたが、現在ではテレビ電話のユーザーよりもＳＮＳでコミュニケーションをとる人のほうが圧倒的に多いのではないでしょうか。さらにはＳＮＳよりもはるかに緩く、相互制約も少なく、まさに弱い紐帯的な Twitter によって、どれだけ多くの人々が他者とのつながりを構築し享受しているでしょうか。

「社会において他人との関係は大事なので、他人とは強いつながりをもったほうが良い」という出発点と、「関係が弱まることは社会にとってよろしくない」という規範的な考え、そして、その後に出てきてしまう「だから、弱い関係は役にたたない」という、よく考えてみれば論理の飛躍が明らかな、弱い紐帯批判をあっさりと覆してくれたのがグラノヴェターでした。

[6] 論文の原題である"The Strength of Weak Ties"も、「弱い紐帯のもつ強さ」なのか「弱い紐帯の力」なのか、どちらにもとれるパラドックスのような魅力があります。

とはいえ、強い紐帯と弱い紐帯のどちらが、本当に社会統合に貢献し、情報を効率よく拡散、収拾し、人々の意識や態度の変容を起こさせるのに有用であるのかについては、まだ議論の決着がついたとは言い切れません。

たとえば弱い紐帯は、つながり先の相手についての情報が少ないため、他者に適切な情報を伝達するのには適さないという実験結果があります。強い紐帯でつながっている人は弱い紐帯でつながっている人よりも、相手についての情報をたくさんもっています。そのため、情報を届けたい人が決まっている場合や、欲しい情報が決まっている場合には、弱い紐帯を使うよりも、強い紐帯を使って情報を収集・伝達したほうが効率は良いのです。[7] 弱い紐帯には、当然、弱さもあるわけです。

話はやや変わりますが、群集生態学の分野では、生物間のネットワークを、捕食（食うか食われるか）、競争（共生上のライバル関係）、相利（相手を生きやすくする）などの相互関係で組み立てます。「食う」「食われる」「生存を助ける」「生存を脅かされる」などの動物や植物の競争や依存関係をネットワークとしてとらえます。

驚いたことに、このネットワークでも「強い相互作用よりも弱い相互作用が数のうえでは圧倒的に多く、しかもこの弱い相互作用が群衆の安定性に関与している」ことが発見されています。[8]「弱いものの強さ」というメタファーは、生物学の領域においても活かされているのです。

[7] 安田雪（2010）『「つながり」を突き止めろ』光文社

[8] 大串隆之・近藤倫生・難波利幸（編）（2009）『群集生態学3　生物間ネットワークを紐とく』京都大学学術出版会

人間関係の強弱

紐帯の強弱とその機能については、まだまだ謎が多く、現在も議論が継続中です。その理由の一つに、紐帯の強さの計測方法が確立していないという問題があります。さまざまな試行錯誤が繰り返されていますが、定番がないのです。

これが電線であれば、物理的な「ケーブル」ですから、ある地点からある地点までのつながりの強さは、長さ、太さ、容量の制約や余力まできっちり、すっきりと測定できます。空港をノードとし、航空便をリンクとすれば、離発着便の数や所要時間から、空港同士のつながりの強さが計れそうです。人工物のネットワークでは関係の強さも計りやすいのです。人工物でなくとも、企業であれば一定期間内の財やサービスの取引量ないし金額を、企業間関係の強さとして計れます。

あいにく人間関係はそうはいきません。人間関係の扱いにくさはここにも見られます。

一週間の間にやりとりしたメールの数や、一緒に食事をした回数、ともに参加した会議の数といった「行為」の頻度で代替して限定的な関係からつながりの強さを仮定するしかないのです。たとえ「愛している」だの「好き」だのといった言葉が行き交ったとしても、それが二人の間の関係の強さの必要十分な証明にはならないことは、みなさんの感覚や経験にも整合的かと思います。

人間関係の強弱の測定には、接触頻度、関係の時間的継続性、双方の心理的な重みといったさまざまな要素を考慮にいれる必要があります。

質問紙調査で接触頻度を尋ねる際には、毎日会うのか、週に2～3回会うのか、毎週1回程度か、月に数回か、毎月1度か、といった連続量で頻度をとらえます。

時間的継続性を見るには、知り合って何ヵ月、何年たつのかを尋ねます。

心理的距離を測るには、大変親しい、やや親しい……といった順序尺度を作ります。とはいえ、実際に調査をしてみればすぐわかりますが、これらの計量では計りきれないのが関係です。たとえば、私たちは親兄弟と知り合ってから何年たっているのでしょうか。親とは自分が生まれた時から、兄弟とは自分か相手かいずれか年下のほうが生まれた時からでしょうか。はたして自分に記憶がない幼児の頃からの年数を記すのが妥当なのでしょうか。兄弟、姉妹についても、まったく同じ曖昧性がつきまといます。接触頻度もおよそ質問紙調査で起こりがちな、「だいたい」「おおまかに言えば」「平均してこれくらいかと思う」といった判断に基づいて、無理矢理、いずれかの選択肢に頻度を落としこんでもらわざるをえなくなります。親しさについては、長年の友人同士だったものが、「つい数日前にけんかしたから親しくない」だの、「けんかもせず、連絡もとらず、それでも会えば話ぐらいはするから、親しい」だのといった、多様な解釈がされてしまいます。

先に、群集生態学が「弱い相互作用」の重要性を発見していると述べましたが、この領域でも、同じように生物間の相互作用の強弱を何をもって計測するかにはさまざまな定義があるとされています[9]。まさに、どこの分野でも、関係の計測には苦労がつきもののようです。

人間関係の「強さ」の測定は質問文の精査、対象やワーディングを変えた実験、メールなどの文書ログ、センシング技術を利用した接触や行動データの利用など、多様な方法の研究が今後も必要です[10]。質問紙調査、観察、文書や行動のログデータにせよ、どこまで関係抽出が精緻化できるかチャレンジはつきません。そしてそれにもまして必要なのは、ある程度、定形化した方法を繰り返しつつ、継続性のある関係データを収集、蓄積していくことでしょう。それがどんなに不備なものであっても、長期的時系列変化をとらえるためには、二度と戻らない「その瞬間」のデータの取得が不可欠です。

ネットワークデータの蓄積

人間関係のありかたの変化は、社会学の古典理論においてももっとも重要な関心事であり、さらに現在でも、その希薄化が嘆かれ、問題視されているにもかかわらず、関係データそのものの継続的収集作業はしっかりとなされていません[11]。この関係データの時系列蓄積がないことは、ソーシャルキャピタルの計量時にも大変に問題になりました。

どう計測するにせよ、強い紐帯、弱い紐帯、それぞれの有用性、機能、効果はいま

[9] 大串他、前掲書

[10] センシング技術とは空間に分布する対象の情報を検出する技術です。

[11] パーソナルネットワークに関わるワンショットサーベイ（注12参照）はいつでも可能です。けれども、キャピタルの減衰や増加を論じるためには、長期的な時系列データが必要なのです。

だ明らかになっておらず、その有効性についての実証研究も相容れない結果を生んだりしています。転職に有利なのは弱い紐帯か強い紐帯か、昇進に役立つのはどちらか、イノベーションを生み出すのはどちらかというように、限りなく問題設定が可能です。転職への有効性についてだけでも、紐帯の弱さ効果だの、紐帯数の効果だの、文化によって異なるだの、検証結果は一貫しておらず、「弱い紐帯が強い紐帯よりも優れている」と断言できない状況です。それぞれの応用研究の対象により、紐帯の力についてはさまざまな機能と逆機能が指摘されています。

とはいえ、先に書いたネットワークの同時決定性問題が、ここでも登場してきます。紐帯の弱さの問題なのか紐帯の媒介性の問題なのか、この問題はワンショットサーベイのデータセットを使っている限り、識別することができません[12]。繰り返しになりますが、ネットワーク指標は、データセット固有の「型」と「力」から同時決定的に計算されてしまいますから、複数のネットワーク特性が同時に観察され、双方が効果を発揮しているように見える時には、真因を一方に特定することができません。

似通った相互接続関係のパターンをもったネットワークが複数あって、そのなかのネットワーク指標を少しだけ変更した作りこみができて、さらには、似通ったパターンで結ばれている人々の属性つまり特徴がほぼ同じであれば、その「少しだけ変更した」ネットワーク指標の純然たる効果を検証できるのですが、なかなか、パーソナルネットワークのパターンを操作して、同一性を担保したり、一部だけを変更したりと

[12] ワンショットサーベイとは、調査対象に一回だけ行う調査、パネルサーベイとは、同一の調査対象に反復して同一あるいは類似の質問をして行う調査です。

いったことはできません。教室内の人間関係をいじくりまわしたり、1年1組と、1年3組で同じ友人関係のパターンを作為的に作ることはできないのです。

ネットワークの研究で難しいのは、人間関係が計量しにくいだけでなく、固定しにくく、統制（コントロール）しにくいという事情もあるのです。自分の恋愛感情や友情、両親や家族への気持ちや距離感さえ、思うとおりにならないのが関係です。まして実験や調査で、他人の「他者への思いや関係」を統制などするのは至難の業です。

しかし、人間同士のつながりは、操作できないものでしょうか。

関与する人々の社会関係や気持ちを傷つけることなく、人々の関係構造を人為的に作り上げ効果を測定する。これをみごとにやってのけた実験があります。大変におもしろい研究なので次項で紹介してみたいと思います。

2-4 ランダムネットVS凝集的ネットワーク

伝染・普及はどちらが速いか

近年では、SNSやTwitterのような新技術が開発されるたびに、ネットを介しての新しいコミュニケーション形態が派生するせいか、「つながり」への関心が異様に高まっています。

伝播や普及については、近年、多数のビジネス書が出版されています[1]。たとえば、クリスタキスとファウラーの『つながり――社会的ネットワークの驚くべき力』は、「肥満が伝染する」「孤独は友人に伝染する……」など、ちょっと聞いたらぎょっとするような、知人の行動や特性がその知人にも伝染する事例がたくさん紹介されています。ユニークな研究事例が多く、大変にわかりやすい本です[2]。

私自身は、この本はパーソナルネットワークの研究というよりも、むしろ人的接触による「伝染」「普及」研究に位置づけています。それはクリスタキスの扱う事例の大多数が、直接ないしはせいぜい二歩先の知人関係までのつながり範囲での伝染を問題にしていて、社会的ネットワークの「型」そのものの効果についてはあまり論じていないからです。

[1] ニコラス・クリスタキス、ジェイムズ・ファウラー／鬼澤忍（訳）（2010）『つながり――社会的ネットワークの驚くべき力』講談社

[2] 研究対象についてのビジネス書が出版されるようになったら、それが学術的最先端ではなくなり、枯れてきた証拠であると考える人もいます。

マルコム・グラッドウェルの『急に売れ始めるにはワケがある』も一般向けに、流行現象の発生メカニズムを具体的に描き、評判になりました[3]。この本の原題は、"The Tipping Point"ですから、まさに「流行が爆発する瞬間」のことで、流行のカスケード現象の事例を多数、説明しています[4]。

『クチコミはこうしてつくられる』もビジネスマン向けにわかりやすく、バズマーケティングブームを作りました[5]。バズマーケティングとは「口コミ（バズ）」を利用した商品普及のことですが、これも、人から人への目に見えない情報の流れである「口コミ」を何とかうまく制御して、商品の設計・販売に活かそうと試みるものです。日本でもトリプルメディアマーケティング、口コミならぬTwitterのつぶやきからヒットを予測する「ヒットの方程式」の構築など、広告業界はいかに流行を素早くとらえるか、いかに新商品やサービスの情報を急速に消費者に広めるかに日々、研鑽を重ねています[6]。商品やサービスの価値だけで勝負するのではなく、流通に加え消費者間の普及のチャネルをも統制したいと考えるのは当然でしょう。消費者が相互にどのように情報を受け取り、受け渡し、商品やサービスの購買を模倣しあうのか、その連鎖や伝播のメカニズムの解明は、マーケティングやマスメディア研究における最先端の課題です。

模倣の法則[7]

[3] マルコム・グラッドウェル／高橋啓（訳）（2007）『急に売れ始めるにはワケがある』ソフトバンククリエイティブ

[4] 邦訳タイトルから、爆発的に流行した商品についての本だと勘違いする人が多数いるようです。この本が言う売れるワケとは、流行した商品に共通する属性ではなく、商品が売れたその背後のメカニズムです。誤解をまねきますが、巧みなタイトルです。

[5] エマニュエル・ローゼン／濱岡豊（訳）（2002）『クチコミはこうしてつくられる』日本経済新聞社

[6] 吉田就彦・石井晃・新垣久史（2010）『大ヒットの方程式』ディスカヴァー・トゥエンティワン

[7] ガブリエル・タルド／池田祥英・村澤真保呂（訳）（2007）『模倣の法則』河出書房新社

マクロな流行現象を支えるのは、ミクロなレベルでの情報伝達と、人々の模倣行動です。老若男女を問わず、少なからぬ人々が流行にとびつきます。すてきなバッグを持っている人がいれば真似をして購入し、チャーミングな友人が髪を染めれば自分も染め、美味しいレストランがあると聞くとすぐに予約をする女性たちがいます。男性の流行も女性ほど目まぐるしくなくとも、ネクタイの幅や整髪料の種類（ムース、ワックス、ポマード）など、世代によって明らかに差があります。

もちろん模倣は、現代に限ったことではありません。フランス革命前にはポンパドール夫人の髪型や衣装をこぞって宮廷美女たちが真似たように、今でも、流行歌手の化粧や服装を真似る若い女性たちは絶えることがありません。

こうした模倣行動に注目し、『模倣の法則』を執筆したのが、イタリア生まれの社会学者ガブリエル・タルド[8]です。タルドは、社会を発明の模倣によって拡大するものと考えます。社会結合のメカニズムが行為の模倣というのは、きわめて今日的な命題です。

タルドはイタリアを離れ、パリに移住するのですが、フランスの大社会学者であり『自殺論』の著者であるデュルケムと大論争を繰り広げます。[9]模倣こそ人々を結びつけ社会を作り上げる結合要因とするタルドと、社会を個々の人間を離れた「外的な」存在と考えるデュルケムの理論上の対立は不可避だったのです。

行動の伝播が、人々の一定部分の同質化を促し、その連鎖が広がって社会を作ると

[8] ガブリエル・タルド（1843-1904）「社会とは模倣である」とは彼の有名な命題です。

[9] 夏刈康男（2008）『タルドとデュルケム』学文社

いう考えかたは、最近のインターネットがはりめぐらされた世界を象徴しているようです。

行動の伝播に紐帯が果たす役割

行動の伝播に紐帯が果たす役割についての、きわめて巧みに設計された実験論文を紹介したいと思います。[10] 行動の感染が早いのは、人がどうつながっている場合か、模倣が速く広まるのは、人々のつながりがどうなっている場合か、と言い換えると、タルドの問題意識にもつながりそうです。

これがまさに、"*Science*"に最近掲載された、デイモン・セントーラたちが普及と伝播と「ネットワークの型」との関係を実験によって明らかにした問題なのです。[11] 彼らは、人間関係の構造を統制するという、珍しくもおもしろい実験にチャレンジしました。ここで言う「統制」とは、関係の型を「動かせないように固定して」という意味です。

少々長くなりますが、詳しく見ていきましょう。その甲斐はあります。

セントーラは、オンラインコミュニティの人々に、行動がどう伝染するかを調べる実験をしました。彼は実験協力者を、二つのオンラインコミュニティに無作為にふりわけました。協力者は、コミュニティではアバターと仮名を使って参加し、数人の知人を実験者から紹介されます。

[10] これは2009年に行われた研究ですが、ロジャースの有名な、古典的「普及研究」の流れ上に位置づけられるでしょう。オンラインのコミュニティを使うあたり、非常に古典的でありつつ、今日的でもある研究です。
エベレット・ロジャーズ／三藤利雄（訳）(2007)『イノベーションの普及』翔泳社

[11] これもまたわずか3ページ半の短い論文です。
Damon Centola et al. (2010) "The spread of behavior in an online social network experiment", *Science*, 329, pp. 1194-1197.

この知人同士のつながりかたに、セントーラは巧みな工夫をしました。

一方のコミュニティでは人々はランダムにつながりあい、もう一つのコミュニティでは人々は近くの人と相互に高い密度でつながるようにしたのです[12]。前者ではネットワーク内の人々のつながりは無作為ですから、見かけ上はごちゃごちゃこみいったネットワークに、後者では、スモールワールドネットワークのように自分の知り合いの知り合いは知り合いであり、近傍同士のつながりが多いネットワークになります。

[12] コミュニティ内の「近さ」は、人々が自分から最短で何人を介してつながるかで決まります。

「ランダム」は「めちゃくちゃ」ではない

ここで注意してください。ランダムと「めちゃくちゃ」とは違います。ランダム、すなわち「無作為」イコール「テキトー」だと思うかたがいたら、それは完全な誤解です。無作為とは、作為無しにという意味ですが、気まぐれに行き当たりばったりということではありません。

この実験でも、ランダムネットワークを作るために、全体のノードの数と紐帯の数をまず決定し、その後に、どのノードとどのノードをつなげるかをランダムに決めています。これはノードを「いいかげんに適当に選んでくっつける」のではなく、どのノードも他のノードと結ばれる確率を一定にしたうえで結びつけていくということです。

社会調査をする際には、母集団から標本を無作為に抽出して、抽出された標本となったかたたちに調査をお願いしますが、無作為抽出とは、いいかげんに適当に人々を選ぶわけではありません。それどころか、無作為抽出を行うためには、母集団の数から必要とする標本数を計算・決定し、その後に母集団のリストに番号をふり、乱数表を使ったり、一定間隔ごとに番号を選んだりして標本を決めるなどの作業を粛々と実行します。場当たり的にならない規則を先に定めてから、その規則にのっとって標本を選ぶのです。これが「無作為抽出」であって、めちゃくちゃどころか、標本選択の作業はとても厳格なのです。[13]

ランダムネットワークを作る場合も、ノード数と紐帯数を決めたら、紐帯を張っていくノードを決めますが、その際には、どのノードも選ばれる確率を一定にします。各ノードが選ばれる確率は一定にして、普通はコンピュータでランダムネットワークを作ります。

さらにセントーラは、実験参加者が各コミュニティのなかで、接触できる人の数を統一しました。参加者は皆、セントーラによって指定された人とだけオンラインでつながるのです。それぞれのコミュニティのなかで参加者は全員、一定の数の知人がいることになります。こうして、セントーラは、参加者の知人数は同一だけれども、つながりの型が違う二つのコミュニティ、――ランダムネットワークとローカルな凝集性が高いネットワーク――を作り出したのです。

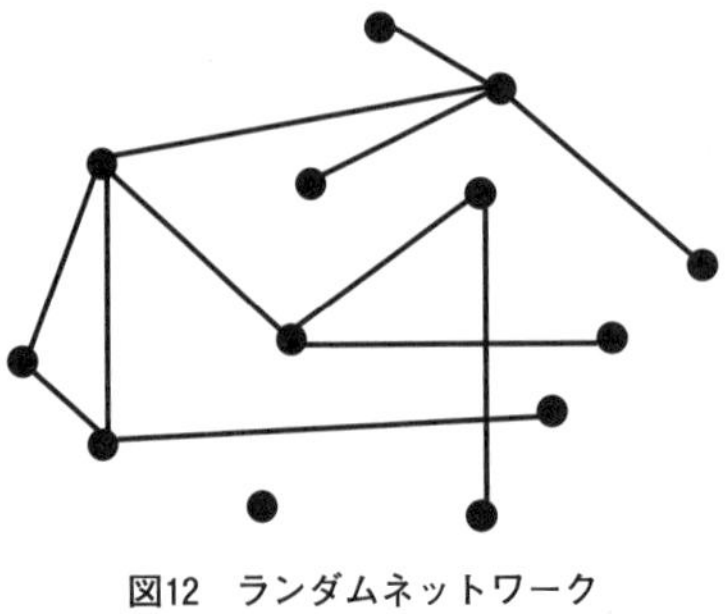

図12　ランダムネットワーク

[13] 無作為抽出とは、厳密には、母集団の一つ一つの要素を標本として抽出するかどうかを、一定の確率法則に従う手順で選ぶ抽出法です。(『社会学事典』p. 615)

行動を普及させるネットワーク

このネットワークを対比して、行動の普及が速いのはどちらかを丹念に検討する実験が展開します。

実験参加者は、オンラインコミュニティ内では、自分の知人と、直接、接触はできませんが、モデレータであるセントーラら実験実施者から、知人が何をしているかその行動について連絡が来るしくみになっています。

ここまで設定をしたうえで、セントーラは、実験協力者が、健康をテーマとしたオンラインのヘルスフォーラムに参加してくれるかどうか、その普及がどのくらいの速度で進行するかを調べたのです。

まず、それぞれのコミュニティから一人をランダムに選び、その人に、ヘルスフォーラムに参加するように自分のつながっている人々に呼びかけてもらいます。フォーラムに誰かが参加するたびに、その参加者の知人には、「誰々さんがヘルスフォーラムに参加したから、一緒に参加しませんか」という招待メッセージが送られます。

実験協力者にしてみれば、ある日、モデレータから「コミュニティの知人がヘルスフォーラムに入ったから、あなたも入りませんか」というメッセージが来るわけです。

コミュニティ内の知人がフォーラムに参加するたびに、同じメッセージが繰り返し送られてきますから、本人にとってみれば、「あいつもか、またこいつも参加したのか、またお誘いが来たよ……」という感じでしょう。そんなことがしばらく続くと、気がつけば、かなりの割合で自分の知人がフォーラムに参加している、「そうか、俺もそろそろ参加してみようかな」……ということで参加が決定。

すると、彼がフォーラムに参加したことが、自動的に知人にメッセージとして知らされます。「Xさんがヘルスフォーラムに入りましたよ、あなたもどうですか」という趣旨のメッセージが、彼の知人のうち、フォーラムに未加入の人たちに送られます。そして、情報をもらった知人たちのうちの何人かがそれに反応して、ヘルスフォーラムに加入する。そしてまた……（以下省略）の繰り返しで、普及が拡大し、実験は進んでいくわけです。

実験は6回繰り返されています。コミュニティの参加者は98人から144人、知人の数は6〜8人。期間は短いもので5、6日、長いものでも20日程度、普及の過程が追跡されています。どの実験でも、双方のコミュニティで、2日、3日、4日……と日がたつうちに参加者の割合が増えていきました。

ただし、二つのコミュニティの普及プロセスには、決定的な違いがありました。それは普及の速度とパターンです。

遠くても速く伝わるネットワーク

セントーラらが発見したのは、**局所凝集性**の高いネットワークのほうが、最終的な参加率が高く、かつ、参加にかかるまでの時間が短いことです。局所凝集性とは、近くにいる人同士のつながりの濃さ、隣近所の人々との連結性です。クラスタリング係数で計測するので、**クラスター性**とも言われます。

ランダムネットワークでもフォーラム参加者は増えるのですが、その採択者の割合の伸び具合が遅いのです。日をおうごとに、局所凝集的なネットワークとの採択率の差が開いていったのです。

つまり、人々の知人の数が同じでも、コミュニティのネットワークの構造――つながりの型――が違うと、そこでの伝染の過程には大きな差が生まれます。フォーラムへの参加行動は、ランダムネットワークよりも、局所凝集的なネットワークでより速く広まったのです。

局所凝集的なネットワークでは、知人の知人は知人という構造ですから、重複した紐帯が多数発生しています。当然、直径も長くなります。それに比べて、ランダムネットワークのクラスター性は低く、重複した紐帯も少ししかありません。直径は短いです。

直感的には、ネットワークの直径が長いほうが、普及や伝播には時間がかかり、効率が悪そうに思えます。しかし、この実験はその直感をみごとにひっくり返しました。

少なくともこの実験に関する限り、クラスター性が高く、ネットワークの直径が長いコミュニティのほうが、ランダムなネットワークよりも、行動の普及には効率的だったのです。

なお、ネットワークの直径とは、そのネットワークにいるすべての人々をペアにして、ペアごとの最短距離を計算し、そのなかの最大のものを指します。ホールネットワークのなかで、一番遠くに位置しあう二人組の距離です[14]。円の直径を考えると、このネーミングのセンスには脱帽です。

さて、セントーラの指摘は、いわば、落語の長屋のオカミさんやご亭主のように向こう三軒両隣とは大変、親密だが、ご町内をこえた先のことはまったく知らん……といった連鎖が順番にずっとつながりあっている地域のほうが、ランダムに人々がつながりあっている地域よりも、ものごとが普及しやすいということです。

直感的に、ご近所同士で固まりあっている地域のほうが、ランダムに物理的遠近に関係なく人々がつながっている地域よりも、ものごとが伝染しやすく普及しやすいというのは納得できるでしょうか。「はい」「いいえ」両方のかたがいると思います。

理論的には、「局所凝集的なつながりが強いネットワークは伝達や普及には非効率で、一部の紐帯を掛け替えてネットワークの直径を短くしたネットワークのほうが伝達や普及には効率が良い」という考えかたが、長らくあります。また、一方で、「社会的な強制力を必要とする行動や態度変容を普及させるには局所凝集的なつながりが強いネットワークのほうが有利だ」という理論もあります。セントーラの実験では明

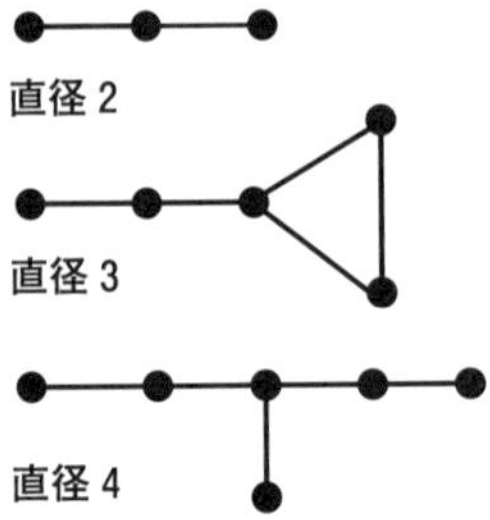

図13　ネットワークの直径

[14] ホールネットワークとは、ネットワーク全体を指します。たとえば密度の計算もエゴネットワーク密度の計算と、ホールネットワークの密度の計算は別物です。

らかに、健康に関する行動変容に関しては、ランダムなネットワークよりも、局所凝集性の強く直径の長いネットワークでのほうが普及しやすいという結果が出ています。

この実験のおもしろさは、そのみごとな「状況の統制」です。よくもここまでと感嘆するほど工夫がされています。

まず、人々のつながりかたを固定し、ネットワーク構造からの影響を徹底的に制御します。二つのコミュニティにいる人々の違いは、ただ一つ、所属するのが、ランダムなネットワークか局所凝集性の高いネットワークか、それだけです。さらには、ネットワーク以外の要素、ホモフィリー、居場所の近さ、広告、価格、入手のしやすさなどの影響までを排除しています。ネットワークの指標の同時決定性のうち、かなりの部分を統制しています。[15]

さらに、この論文にはもう一つおもしろい指摘があります。

行動伝染と情報伝播の違い

それは、弱い紐帯の仮説に対する反論です。

セントーラは、この実験では紐帯の強さを計測していません。異なる知人から合計で複数回に及ぶ「あの人もフォーラムに入ったよ」メッセージが来ることで、本人がフォーラムに加入しやすくなる点については指摘しています。が、コミュニティにい

[15] もちろん、密度や紐帯の強さなどは統制しきれていませんが、これはやむを得ないことでしょう。

る知人とのつながりの強弱については一切触れていません。けれども、セントーラらは弱い紐帯仮説の一部に反論をしています。

つまり弱い紐帯仮説が示唆する「局所凝集性が高く、近傍で密につながりあっているネットワークは大規模な伝染や普及には不向きである」ことには疑問を呈しているのです。

この実験の二つの結果、(1) 近傍でつながりあっている人々からのメッセージは個人の行動の変容を加速することと、(2) ランダムネットワークよりも局所凝集性の高いネットワークでより速く大規模な普及が起こることをふまえ、病気の伝染や情報の普及はさておき、行動変化の普及には局所的に凝集した重複した紐帯がきわめて有効なのだと述べているのです。

「行動の変化、しかも、あまり乗り気になれない行動をおこさせるためには、周囲の重複した関係をもつ人々からの刺激が重要だ!」これはよく考えれば、父親の禁煙や禁酒、母親のダイエット、メタボのオジサンの運動習慣、痛風気味のおじさまの節食、太った子どものダイエット……、日本中、あちこちの家庭にあてはまる光景ではないでしょうか。

ランダムよりも、局所凝集性が高く直径が長いネットワークのほうが、行動の変容普及が速い。また、情報や病気の普及や伝播とは違って、「社会的強化」を必要とする行動変容や態度変容は、紐帯の重複や近傍からの影響力があるほうがおこしやすい。いずれも言われてみれば納得するのですが、理論的にも実験的にもこれほど明確に論点を整理して証拠とともに書ききった論文は、私の知る範囲ではこれまではありませんでした。

人間が意図しなくても、放置しておけば、まるで広がろうという意志でももっているがごとくに自然に広がるものがあります。さまざまな感染症、うわさ話、漏洩した機密情報、悲しいことに、偏見や差別もそういった性質があるのかもしれません。

その一方で、関与する人間が何とか広めようと努力しても、なかなか広まってくれないものがあります。禁煙・禁酒、ダイエット、避妊、衛生的習慣、予防医療、高価すぎる予防接種などの医療措置、しちめんどうくさい書類申請、魅力のない新商品やサービスもおそらく同様でしょう。

自ずと広まりやすいものの普及には局所凝集性は不要かもしれませんが、自ずと広まりにくいものについては重複した局所的な紐帯が「社会的強化」を果たすことで、逆に普及が促進されます。疫病、予防医療、あるいは政府の広報活動など、応用領域も広く、これこそ実務家やビジネスマンのかたがたにも注目して欲しいところです。

同じ伝播や伝染でも、社会的承認や励まし、強化なしには広まりにくいものと、そういった社会的関係の存在を必要としないものがあります。紐帯は使い分けよ。自然科学系の研究者の透徹した目は、他者の力という社会的相互作用を看破したのです。

2-5 認識VS実際のネットワーク

関係も、ひとたび行列のデータにしてしまえば、その後の分析はナンバークランチング（number crunching）とも言える理系的な作業です。あてはまる指標を考え、計算し、元の問題意識に基づいた仮説と照らし合わせて結果を検証する。ないし、探索的な構造分析であれば、指標の計算結果を淡々と整理して過不足なく、状態を記述します。

「十分に拷問すれば、データは白状する」と豪語する強者もいます。ちょっと極端ですが、これは、「あきらめず、投げ出さず、執念深く分析していけば、望ましい結果に必ず到達するものだ。させてみせる」という信念のあらわれと解釈して、心にとめている言葉です。[1]

ネットワークのデータ分析においても、指標の選択、異常値の除去、閾値の調整、変数の合成など、分析者の恣意的な判断が登場する余地は多すぎるほどあります。

少し閾値を変えるだけで、紐帯を発生させたり、消滅させたり、関係構造の見せ方も簡単に操作できます。十分拷問すればデータは白状する場合もありますが、反面、

［1］確かにあまりにも仮説が統計的に支持されない時など、もう、ダメだと思って解析をあきらめてしまいたくなりますし、どこまでやったら十分なのかという限度の見極めもなかなかつきにくいだけに、この言葉をかみしめ、「よし、もうちょっとだけやってみるか」と思い直すのも良いかもしれません。

仮説に拘泥するあまり、都合の悪いデータの消去や、解釈の極端な歪曲を行わぬよう細心の注意と自戒が大切です。ねつ造や歪曲は、犯罪です。

データ分析をする人には常識ですが、実は人間関係データの扱いでは、この点はきわめて重要です。なぜなら「関係は不可視」だからです。これがコンピュータのネットワークであれば、ノードは各マシンですし、紐帯はマシンをつなぐイーサネットのケーブルです。構成要素も関係もれっきとした物としてそこに存在しますから、相互関係は誰が確認しても同じ結果になるはずです。人による揺れのない、すっきりした科学的記述ができるはずです。

悪魔の証明

ところが、人間関係のデータは、そうたやすくありません。人間同士の関係は、おおかたの場合、きわめて曖昧で定義しづらく、扱いがはるかに難しいものです。もちろん、そこが魅力であり、目に見えない（誰にも存在を100％証明しえない）関係を抽出し、その効果を巧みに論じるほどの快感は、人工物のネットワークを扱っている限りなかなか味わえません。私のきわめて個人的な感覚かもしれませんが、人工物のネットワークを扱っていると、どうも分析しているというより、「数を数えている」ような気になって、魔法というより作業のような気がしてくるのです。

けれども人間関係の計量は、対象が見えないだけにやや魔法めいたところがあります。「悪魔の証明」とは、「無いことを証明せよ」という、科学的には完全に不可能な証明のことです。何かがあることを証明するのは、その物を一つ証拠として差し出せば良いのですが、逆はそうではありません[2]。

関係もまた、あることを示すことは比較的容易ですが、無いことを示すのは難しいのです。ねつ造や歪曲は問題外です。そしてそれほどの悪意や意図がなくとも、不在も存在も否定しにくい「関係」の存在を論じる時には細心の注意が必要です。

知人の定義の曖昧さ

たとえば知人数を推定する調査では、知人の定義を「顔と名前が一致しており、連絡をとろうと思えばすぐとれる人」としています[3]。知人関係は、比較的、定義しやすく、関係としては頑健で扱いやすいタイプです。

それでも、深く考えてみれば、知人関係も一筋縄ではいきません。顔は覚えているが名前があやしい、名前は覚えているが顔はあやしい、連絡はとれない、など単純に、知人の定義の条件を十分に満たさないが、部分的には満たすという人々も多数いるでしょう。亡くなったかたがたは、連絡こそとれないが、知人ではないのか。家族や親戚を知人と言っていいのか、などと、この定義についても、念入りに具体的に考えていくと、該当、非該当についての議論が紛糾し、そもそも、知人とは何かという非科学的問いに到達してしまいます。

[2]「黒いカラスがいる」証明は、黒いカラスを一匹捕まえてくればすみますが、「紅いカラスはいない」ことを証明するためには、どうしたらよいのでしょうか。世界中のカラスを集めてそのなかに「紅いカラス」がいないことを示さなければならないのでしょうか。

[3] 辻竜平・松山久美・針原素子(2002)「日本における知人・友人数の推定」数理社会学会第33回大会発表論文集、pp. 22-25.

さらに言えば、知人関係は時間経過に弱く、転居、転職などで不在が続いてしまえば、知人の顔も名前もおぼろげになり、そして十数年もたてば、その存在自体も忘れられてしまいます。

友人関係も定義をつきつめていくと、まったく同様の非科学的問いに帰結してしまいます。信頼、友情、愛情、といった本人の主観的定義で規定される関係にいたっては、存在証明のしようがありません[4]。友人への期待は十人十色です。小学校時代の仲間と、大学時代の友人関係、職場における飲み友達では、明らかに求めるもの、与えるもの、友情の内容はまったく別物です。男同士、女同士、男女間でも、友人関係に何が期待され、求められているのかは、どうもまったく違うようです。

企業における上司と部下、学校や習い事における師弟関係、住まう地域における近隣関係など、明文化された規則や、物理的近接性がある場合は、比較的安心して関係の存在を確信できます。一方、主観的、心理的要因に左右される関係――友情、信頼、愛情――に至っては、結局のところ、自分が認知した関係の存在を信じるしか方法はありません[5]。

おぼつかない関係認知――一歩先は闇

「AさんとBさんは、知人同士である」ということと、「AさんとBさんは知人だと、周囲の人が認識している」こととは、全然、話が別です。現実に彼らが知人かど

[4]『走れメロス』では、メロスはくじけそうになりながらも約束を守って、日没までに友の元へ走り戻ります。その行為のみが、メロスの友情の存在証明なのです。

[5] 漫画『ONE PIECE』の大人気の一要因は、普段は素っ気ない仲間が、時折、見せる、仲間とのつながりへの絶対的な信頼と献身でしょう。

…そんな…!!
"ルフィ達《たち》の仲間《なかま》"だと言《い》えば…全員殺《ぜんいんころ》されて
"アーロンの仲間《なかま》"だと言《い》えば村《むら》のみんなは助《たす》かる…!!?
私《わたし》の一言《ひとこと》でみんなが…!!!
あたり前《まえ》だ!!!!
でも…私《わたし》は…!!
………!!
汚《きたね》ェ!! どう転《ころ》んでもナミを拘束《こうそく》する気《き》だ!!
あいつらの言葉《ことば》を疑っちゃいけない……!!!
ごめんみんな!!!
!?
私《わたし》と一緒《いっしょ》に
死《し》んで!!!
142

許可を得て転載。

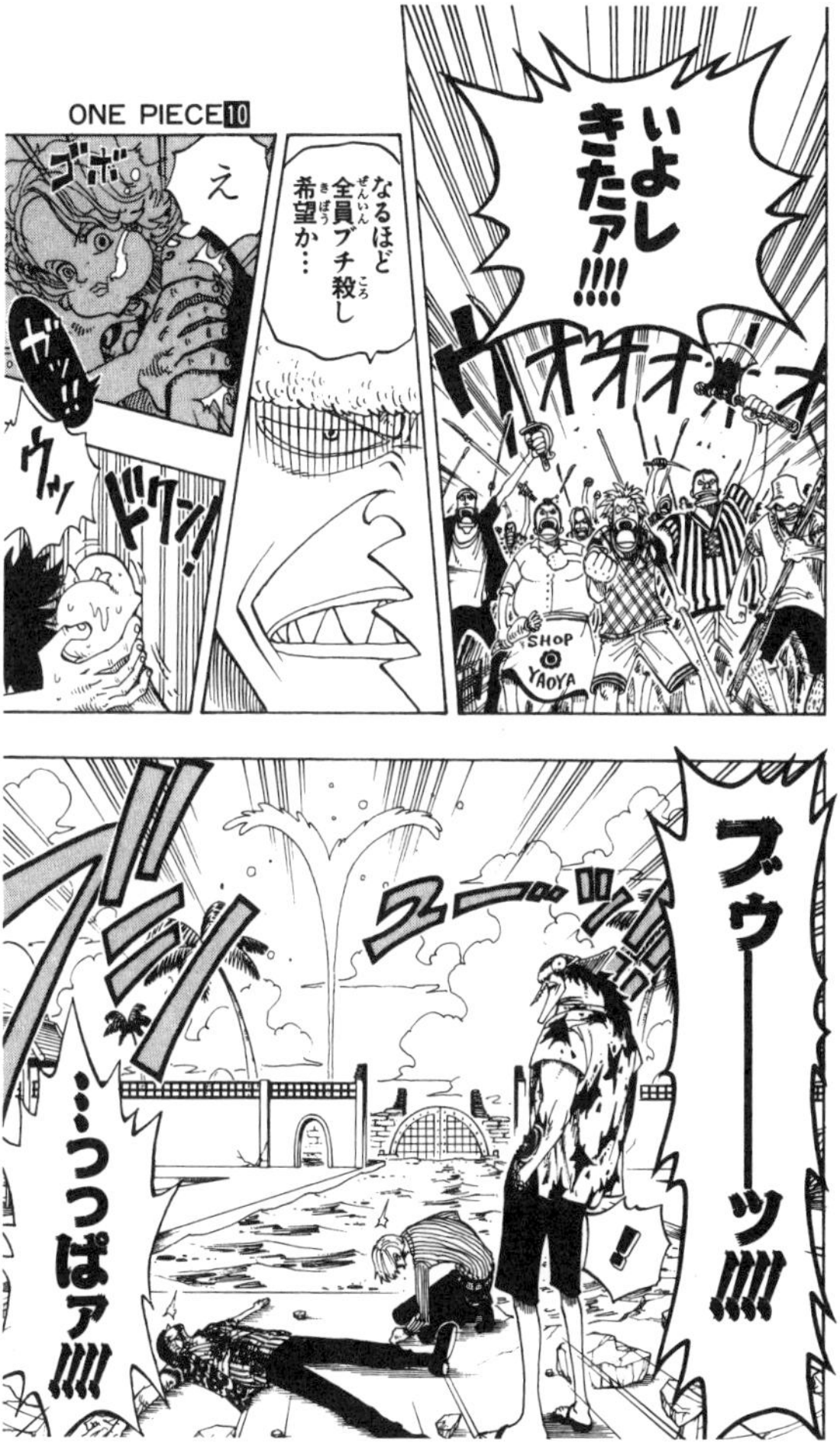

ONE PIECE　巻十　p. 142-143　©尾田栄一郎／集英社.

うか、ということとは独立に、周囲は関係の有無を想定します。それが事実と一致している場合もあれば、事実誤認の場合もあるでしょう。

ネームジェネレータの問題の節でも指摘したとおり、我々がエゴネットワークを調査しても、そのデータは本人の認知データにすぎず、実際のつながりを担保するものではありません。考えかたとしては、本人は自分の行動を、自分が認識している周囲の人間関係をベースとして行っているのであるから、本人の行動や思考の理解に大事なのはその認識されたネットワークであると考える方法もあります。一方で、本人の認知は「関係がないのにあると思い込む誤差」と「関係があるのにないと思い込む誤差」とが共存している、いわばノイズだらけの状態であるので、それに依存すべきではない、あくまでも、回答者と直接の紐帯分だけはノイズがないものとし、回答者があげてくれた人々、その相互関係のみは芋づる式に実際にあたって確認し、データとすべきであるという考えかたもあります。実際のつながりを重視するか、本人がどう認識しているかを重視するかの違いです。

現実のつながりかたと、本人の認知しているつながりかたに大きな落差があるため、人間関係データにはおもしろさと微妙さがいつもつきまとうわけです。

このところ、何度か、人間関係の認知と実際の乖離を実感してもらう実験を、学生さんと行っています。学期の最後の頃に、講義を受けている学生さんに、教室内の友人関係を推定して、ターゲットとした人に最短距離で情報を渡してもらう実験です。

この実験をすると、自分の友人については当然ながら誰もが皆正確に把握しているものの、友人の友人関係についてはほとんど正確に把握ができていないのに、仰天することになります。わずか20人たらずのクラスでも、友人関係はなかなか正確には推測できません。あまりにも推測がはずれるので、学生さんともども毎回、唖然とした り笑いあったりしています。学生さんの友人数と、友人関係の認知力にも一貫した相関が認められません。直感的には、何かこのあたりには、おもしろいメカニズムが隠れていそうなので、友人数と関係認知力の関係は、今後の調査課題としています。

自分が理解している教室内の人間関係と、友人が考えている人間関係、そして、実際の学生同士の人間関係は、それぞれ独立した別のものです。各自がそれぞれ描いている人間関係図は少しずつ違っています。

教室という実験空間を離れた現実社会においても、人々とその人間関係の認知には、認知のずれの多重構造が発生しています。

一つは、ネットワーク構成者によってそれぞれ認知が違っているという「人による認知のずれ」です。もう一つは、「実際のつながり」と、各自が認知しているつながりのずれ、つまり「現実と認知のずれ」です。

関係の不可視性故に、私たちはこの「認知のずれ」を普段はほとんど意識せずに生きています。知人の知人が知人であることを知って仰天する、世界の狭さは誰しも体験したことがあると思います。他人が誰とつながっているかを正しく把握していないからこその「スモールワールド」問題です。

さらには、実際の関係上で、どのくらい離れているのか、と、離れたターゲットに適切にたどりつくナヴィゲーション力があるのかは、また別の話なのです[6]。

さて、実験に戻ります。毎年、必ず教室内には、ハブの役割をはたしてくれる学生がいます。彼女ないし彼にメッセージを託すとまず間違いなく、ターゲットに上手にメッセージを伝達してくれる人脈クィーンや、人気者王子です。

彼らは教室内の情報拡散にきわめて重要な役割を果たしてくれます。彼らがいかにうまくたちまわるかが、情報伝達の成否を大きく分けるのです。

[6] これは少々、認知と実際を超えた奥深い論点ですので、3-5の6次の隔たり電子版の項で詳しく追求します。

情報収集と拡散力は、ハブの発見力

実験では、認知と実際の乖離だけではなく、情報拡散の効率性をも同時に考えます。それは、情報拡散や伝達を効率よく行うためには、自分が多数の友人をもつ人脈クィーンや人気者王子である必要はないということです。

多数の友人、知人を維持するにはエネルギーも時間もとられます。しかし、誰がたくさん、友人をもっているのか、誰にうまく情報を渡せば、その人がその友人に情報を広げてくれるかを見抜けば良いのです。情報を拡散できる窓口を一杯もっている人を一人つかまえて、その人に情報を渡してしまえば、自分で何十人もに一人ずつ、情報を伝達して歩く必要はまったくないのです。情報の伝達や拡散のためには、自ら額に汗して友人、知人を増やすよりも、情報を広く拡散できる友人、知人を多数もっている人を見抜くほうが効率的です。ハブさえ発見してつながってしまえば、自分が多数の人とつながる必要はありません。

このハブとのつながりの重要性をより広い視点で見たものに「黒幕」モデルがあります。

黒幕モデルとは、ハブとだけつながっている人こそ黒幕――裏の権力者――だとするおもしろいモデルです[7]。黒幕モデルでは、直接の友人や知人の数は問題とはなりません。自分は多くの紐帯をもたないのですが、もっている紐帯はすべて、他者と多数のつながりをもっているハブにつないでいる人を、黒幕とします。

自分がわずか3本の紐帯しかもっていなくとも、その3本がすべて、多数の紐帯をもっているハブとつながっていれば、ハブを介して二歩で間接的に到達できる人の数は膨大になります。同じ3人とつながっていても、相手が皆、わずかな紐帯しかもっていない人たちであれば、間接的到達力はきわめて限られてしまいます。一般市民とは直接関わろうとは一切しないくせに、少人数の権力者とだけは巧みに関係を保ち、自分の意志を通してしまうタイプを想像してみてください。このモデルが黒幕と言われる人々の、つながりかたの本質をみごとにあらわしていることがわかると思います。

かりに一時的に関係を的確に認知できたとしても、関係は、時間と共に、質を変

[7] Masuda, N., Konno, N. (2006) "VIP-club phenomenon : Emergence of elites and masterminds in social networks." *Social Networks*, 28, pp. 297-309.
おもしろいことに、黒幕モデルは、英語ではVIPモデルです。

え、消滅し、また復活したりと、自在に変化します。一分前まで仲良くニコニコしていたにもかかわらず、突然、怒り出して敵意をむき出しにするような気まぐれな人もいるかもしれません。永遠の愛を誓った恋人同士の関係がいかにもろいかは、離婚統計が如実に示しています。自分から始まるつながりを、友人、知人、恋人、そして、友人の友人、知人の知人、恋人の知人……と考えていくと、その連鎖は果てしなく広がります。関係はどこまでも、地平線のように広がっていきます。そんな、関係の全体像を知りたいと思うか、知らぬが故の安逸にとどまるかは、人それぞれの判断であり、善悪も正誤も答えはありません。

確実な直接関係のみを気にするか、見えない、えてして確認しづらいかできないその先までをも考慮して行動するか否か。おおかたの人々は、自分の直接的な関係、すなわち対人関係をもっとも重視し、その向こうの間接的な関係には、積極的には遠慮、消極的には配慮の欠如によって、あまり関わろうとはしません。

経営組織においては、優れたリーダーは、直属の部下、そしてその部下という二層先の管理が可能であり、さらには、二層先どころか三層先まで管理ができるのが真に優れたリーダーだと言われます。[8] 空気を読めない「KY」とは、二歩先、三歩先の「関係が読めない」と同義なのかもしれません。

[8] 野田稔（2005）『組織論再入門』ダイヤモンド社

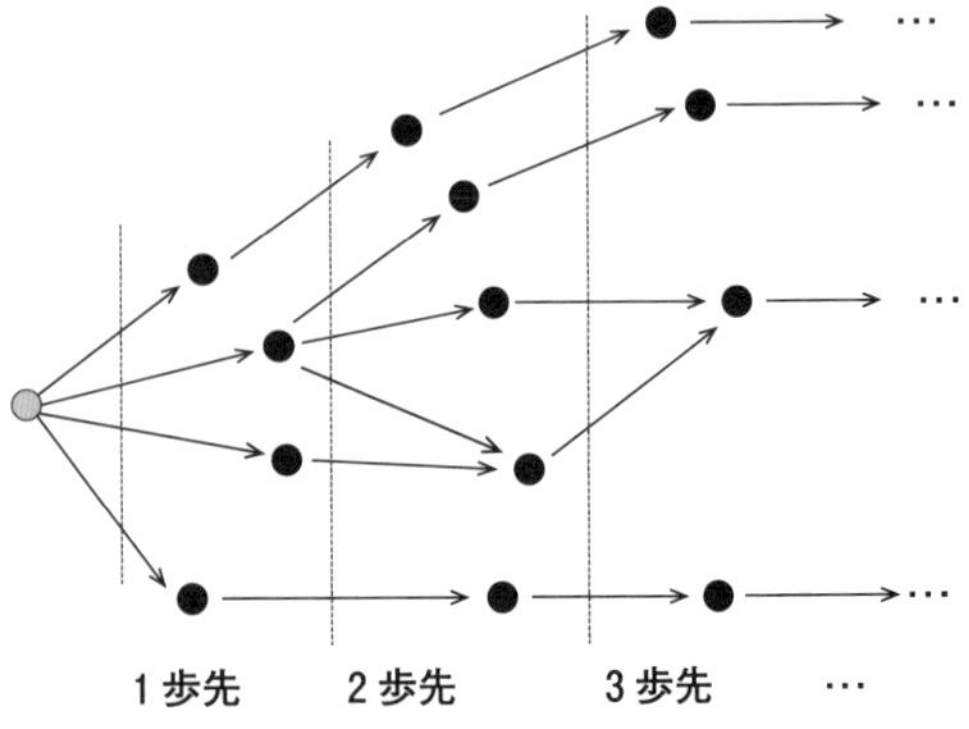

図14　一歩先、二歩先……の関係

教室実験で対象がわずか数十人の情報拡散であれば、そのなかからハブを特定したほうが早いのですが、現実社会において情報拡散や探索を行う時には、また別の戦略がありそうです。これについては、最新の「6次の隔たり電子版」を扱う3－5項で解決します。

III

パーソナルネットワーク研究の最前線

「界の構造を明らかにすることがなぜ重要なのでしょうか。それは、個人あるいは機関に結びついた諸属性の分布の客観的な構造を構築することによって、この分布のなかでさまざまな異なる位置を占めている行為者たちの行動を高い確率で予測する手段を手に入れることができるからです。」

——ピエール・ブルデュー『科学の科学』加藤晴久訳，p. 143

ネットワーク分析は、今世紀にはいって大きく変わりました。研究対象に、現実社会の関係だけではなくインターネット上で生起する関係までが含まれるようになり、扱えるデータの量が増え、データの収集と分析に使えるツールが多様化したのです。

まず、インターネットの普及が人間関係の研究対象と手法を広げました。関係データの収集の基本が観察や質問紙調査であった前世紀の研究と異なり、近年ではインターネットを使った調査が飛躍的に増加しています。WWW上に発生するバーチャルな関係もリアルな関係と同じく、強い関心を集めています。コンピュータを駆使すれば、研究室にいながら膨大な関係データをデジタル情報として入手できます。

もちろん、リアルな現場を重視する精神も失われてはいません。町中に出かけ、観察やヒアリングを丁寧に繰り返して状況を精査し、丁寧な記録を作成する伝統的なフィールドワークも綿々と受け継がれています。質問紙や面接による大規模な社会調査も健在です。血の通った相手との対面接触でしか到達できない理解もあるのです。

とはいえ、技術者たちの仕掛けによってインターネット上に次々と生起するバーチャルな社会関係を無視しては、現代の人間関係は理解できません。「ネットの世界のインタラクション」を夢物語のように非現実的だと軽んじることなく、視野を広げましょう。

リアルであれバーチャルであれ、何を、どう研究したら一番おもしろいのでしょう。ツールも対象も増えたからこそ、この時代を生きる若い学生・研究者のかたには、たくさん悩んで欲しいと思います。

研究で大切にしている部分と、課題として重要な部分は必ずしも一致するとはかぎりません。論文には目的があり、研究者が何を見せたいかによって描けるものは変わります。

この章ではスモールワールド論文以降の、比較的新しい5つの研究を紹介しますが、それぞれが課題とともに、何を大切にしているのかも考えてみて下さい。

3-1

結婚願望とネットワーク

選択のトレードオフ

「結婚するか、しないか」は、プロポーズするかしないか、それが受け入れられるかどうかかというロマンチックに愛しあう二者関係、それもえてして同世代の二人に十分な愛情と経済力があるかという問題ととらえられがちです。おそらく十数年前まではそうだったのかもしれません。

晩婚化、少子化、という現象は長らく指摘されてきました。女性が一生の間に産む子どもの数である合計特殊出生率が1・3程度で低迷しており、これは国際的に見ても大変に低い数字で、問題視されています。少子高齢化の改善のためにも、若年者は幸せに結婚をし、子どもを産み育てて欲しいというのは過疎地域に限らず、日本全体が共有する願いです。若者たちは経済的に独立後、適齢期に円滑に結婚し、自分たちの家庭を築いていくのが一つの規範でもあり、若い人々にとっても望ましいありかたであったはずでした。それがいつの間にか変質していきました。

パラサイトシングルの悲しみ

「パラサイトシングル」という言葉は、未婚のまま親元に同居し経済的援助を受けながら生活する若者を指す、家族社会学者、山田昌弘の造語です[1]。親による経済的援助と家事支援を当然とはせぬまでも、「恥ずかしいこと」とも思わなくなった世代の登場は、「田舎の両親を養う」「親への仕送り」といった昭和のサザエさん的文化をひきずっていた世代を震撼させました。名前を与えられることによって社会問題は顕在化し、共有化されるとしたのは、フェミニストのベティ・フリーダンですが、そのとおり、この言葉は多数の人の共感を呼び、流行語のように広がって定着しました。

結婚は、若い当事者二人の問題ではなく、当事者と親、つまり前世代との関連における問題——それもそこには圧倒的な経済力の差がある人とのつながりとの相対的評価において選ばれる問題——になったという山田昌弘の指摘はきわめてユニークで、世間的にも大評判になったのも無理はありません。

パラサイトシングルという言葉は、非常に流行しましたが、一方、「この言葉によってどれほど人が悲しんだり、苦しんだりしたか」という問題提起もなされています[2]。強い概念には大きな影響力がつきまとう一つの例です。

さて、名称はさておき、本当に、若い人々は、経済力のある親との生活と、恋人と自分の貧しい生活とを天秤にかけて、結婚か非婚かを選択しているのでしょうか。また若年者の未婚化の背景には、職場が男女の出会いの場でなくなり、それ以外の出会

[1] 山田昌弘（1999）『パラサイト・シングルの時代』筑摩書房

[2]「パラサイト」とは、生物学的には、「食物」と「住まい」を求めて自分より大型の動物（宿主）にすみついて自分の生活のすべてであるいは一部を宿主に依存している生物の生活様式を指します。寄生と共生は違います。共生には相利共生と、片利共生があるのですが、後者のうち、宿主が不利益や害を被る場合を狭義の寄生とする分類もあります。
石橋信義・名和行文（編）（2008）『寄生と共生』東海大学出版会

いの場がないこと、結婚願望が緩やかではあるが低下しているという研究もあります。[3]

ネットワーク研究者としては、「親（＋金）とのつながりと恋人とのつながりの対決」の図式ですから、これは追求のしがいのある問題です。結婚という紐帯の発生は、どのような条件に影響されているのでしょうか。

親の経済力か、金欠の恋人か

ネットワーク研究者は、この仮説を反証する調査結果を出しています。ここで紹介するのは、若い人々の結婚意欲に影響を及ぼすネットワーク要因を調べた調査です。コミュニティのネットワーク研究をぶれることなく、ひたすら続けている野沢慎司の目のつけどころがおもしろい研究です。[4]

この調査は、ネットワークの型そのものよりも、「どういう人とつながっているのか」を重視するタイプの研究です。エゴネットワークに含まれている他者の「属性」を重視し、その属性からの影響力をネットワーク効果とするのが特徴です。

彼は、25歳から34歳の未婚男女、１８８１ケースを対象に、アンケート調査を実施しています。有効回収数は７０３でした。この調査では、若い人々の結婚意欲に対して、親との経済的、心理的関係、そして恋人や友人との関係がどのような影響を及ぼしているのかを検討しています。

[3] 佐藤博樹・永井暁子・三輪哲（編）（2010）『結婚の壁』勁草書房

[4] 野沢慎司（2009）『ネットワーク論に何ができるか』勁草書房

具体的には、結婚意欲を被説明変数に、本人に関わる変数として、年齢、教育年数、収入、職種の専門性、親との同居、親からの経済的援助、親への経済的援助、母親との関係満足度、仕事満足度、そしていくつかのネットワーク変数を説明変数とした重回帰分析を行っています[5]。

回答者には、日常のことを相談できる人が何人いるか、相談相手同士はつながっているのか、ネットワークに占める友人の割合、そして恋人あるいは婚約者がいるかどうかを尋ねています。つまり、重回帰分析には、相談ネットワークの規模と密度、ネットワークの友人比率、恋人・婚約者の有無といったネットワーク変数が説明変数として入ります。

この重回帰分析の結果は以下の通りです。

（1）親への経済的依存が高いほど、結婚に消極的ということはない。
（2）友人中心のネットワークは恋人のいない女性の結婚意欲を低める。
（3）恋人を含む高い密度のネットワークは女性の結婚意欲を高める。
（4）同僚中心ネットワークは、男性の結婚意欲を低めるが、女性の結婚意欲は高める。
（5）恋人のいない女性は、仕事に満足しているほど結婚意欲が低くなり、仕事に不満足であるほど結婚意欲が高くなる。男性にはこのようなことはない。

いくつかパラサイトシングル理論のフレームワークと反する結果も出ており、大変

[5] 重回帰分析とは、被説明変数に対する、説明変数の効果の有無を検討する統計的手法です。説明変数と被説明変数に共変関係がある時には、その関係がプラスかマイナスか、説明変数が一単位増えると、被説明変数は何単位くらい変化するかを知ることができます。モデルの詳細は次を参照。
野沢（2009）前掲書、p. 106.

におもしろい調査です。

まず、第一の結果は、パラサイトシングル論のあげる「親子関係」と「結婚関係」の競合を否定しています。女性については親の支援的で良好な関係が結婚への意欲を高めることが確認されています。パラサイトシングルの理論では、経済力のある親からの支援は、結婚願望を下げる方向に働くとされますから、女性に関しては理論とは逆の結果になっています。

そのあとに続く四つの結果は、すべて「男性は」あるいは「女性は」という制約がついていることに注目してください。ネットワーク効果は、男女によってあらわれかたに差があるのです。確かに結婚意欲に対して、友人、恋人、同僚との関係はそれぞれが影響を及ぼしているのですが、その効果の程度やあらわれる領域が男女でやや異なるのです。

ネットワークにいる友人や同僚が、本人の性別によって異なる効果を及ぼす様子を見てみましょう。二番目の発見では、友人中心にネットワークを作ってしまうと、恋人のいない女性は、それに満足してしまうのか、未婚の友人からの同調効果か、結婚意欲が低くなることが指摘されています。

三番目に、男性と異なり女性は、恋愛以外の親密なネットワークに恋人がはいりこんでくると結婚願望が高まることが指摘されています。恋愛関係と友人関係との混在は、女性の結婚願望を高めますが、男性にはその効果はあらわれません。四番目は、同僚中心のネットワークが男性の結婚意欲を低めるにもかかわらず、職場中心のネットワークは女性の結婚意欲を高めるという、これも逆の結果が出ています。

仕事と結婚のトレードオフ

最後の仕事と結婚のトレードオフ関係は女性に固有のようです。女性だけですが、仕事に対する不満が高いほど、結婚志向が高まることが確認されています。恋人の有無によって仕事と結婚意欲の関係が変化するのも、女性だけに見られた現象です。仕事や職場に対する満足度の高さが、結婚志向に直接、影響を与える傾向は、男性には見られません[6]。

こうして一連の結果を眺めてみると、女性のほうが、友人や恋人あるいは家族との関係のありかたと結婚意欲とに強い関連が見られます。

この調査では、パーソナルネットワークは調査対象者に「個人生活上の問題を相談できるかた」として想起してもらっているので、対象者を取り囲むネットワークは相談ネットワークです。さらにそこに、存在する場合は、恋人ないし婚約者が加わった状態で、結婚願望の高低モデルを作っているわけです。

結論としては、結婚意欲に対して確かに周囲の人々の影響は存在するものの、パラサイトシングルが述べる「結婚」か「親子」かの競合仮説は否定されています。そして、結婚意欲に対するネットワークの影響は、女性に対してより顕著であることを確

[6] 確かにテレビドラマや小説などを見ていても、「あー、もう仕事が嫌になっちゃったから仕事を辞めて、結婚でもしようか」などという発想をする役割は、だいたい女性にふられています。仕事で行き詰まった男性が、この手のセリフをはくドラマや小説は見たことがありません。結婚や専業主婦になることを生計をたてる手段の一つにしうるのは女性というステレオタイプの発想です。

認して筆者は研究を終えています。

なお、20代半ばの女性の結婚には友人関係の影響が認められるものの、30代の女性にはその効果が認められないという、別の調査結果もあります。[7] 同じ性別であっても、年齢によって友人の効果のあらわれかたが違うのです。ネットワーク効果は、性別、年齢によってあらわれかたが違うとはさすがに一筋縄ではいかない、パーソナルネットワークのおもしろさです。

人間は、両親や兄弟は選べませんが、伴侶は自分で選択できます。誰と同居し日常生活をともにするかも、幼児期や学童期をすぎれば、ほぼ、自分で選択できます。時間が有限である一方で、関係形成と維持に資源が必要である以上、人間が、誰とどこで、誰の資源によって暮らしていくのかを選択する際には、トレードオフがつきまといます。親、友人、同僚らはネットワークを通じて、人々の意志決定や選択に少なからぬ影響を及ぼします。年齢によるネットワーク効果の違いは、関係のタイミングの重要性を示唆しています。

今、その場をともにする親、友人、同僚は、将来の伴侶（およびそこから派生する家族）のありかたに影響を与え、その将来のネットワークは、現在存在する家族、友人、同僚とのありかたを大きく変化させます。関係は行為に多大な影響を及ぼしますが、行為はいったんなされると既存の関係を変えていきます。関係と行為には常に再帰性があるのです。

[7] 佐藤他（2010）前掲書 p. 159.

3-2 転職とネットワーク

職探しに役立つネットワークの追求は、グラノヴェター以来のネットワーク研究の大きな課題です。仕事とネットワークの研究では、就職に有利な情報をもたらしてくれるのは誰か、それはどのようなつながりの人なのかというのが、主たるリサーチクエスチョンでした。日本では強い紐帯、アメリカでは弱い紐帯から得た情報が、より良い職との出会いにつながったという実証研究があります[1]。ふりかえってみると、それは、労働市場に多くの可能性が感じられた1980年代から1990年代という時代背景に適合的な研究であったと思います。ネットワーク研究者にとっては、グラノヴェターの論文以来、転職は特別に思い入れのあるテーマなのです。

[1] 渡辺深（1991）〝転職—転職結果に及ぼすネットワークの効果〟社会学評論 42(1), pp. 2-15.

社会問題と社会学の問題

社会科学における研究は、必ずしも「社会問題」を解くことを目的とはしていません。

たとえば、社会学の問題と社会問題とは、明らかに違います。どちらの問題を解くことに意義を認めるのかは、各研究者や実践者がそれぞれ、生きている時代の要請に応じて判断すれば良いのです。象牙の塔にこもり机上の空論を積み重ね、同時代を生きている人の痛みを何ら和らげられない研究者も情けない存在です。一方、目の前の現実問題の解決のみを過度に重視するあまりに、より大局的、長期的な目配りや考察を必要とする普遍的な学問的問題意識を軽んじる、知識や科学への敬意を払えない態度というのも余裕のないものです[2]。

とはいえ、社会問題を解くことを直接的な目的としてはいなくとも、研究はその時代の要請に影響を受けるものです。

バブルがはじけ日本経済が冷え込むとともに、若年失業者や非正規雇用の問題がクローズアップされたのが1990年代の後半です。この時代背景を受けて、「転職に有利なネットワークは」という上昇志向に裏打ちされた関心はだんだんに薄れていきます。かわって注目され出したのが、「七五三問題」と言われた、就職後3年以内に仕事を辞める若者の学歴別比率です。

技能や職能が身につかないうちに若年者が、職場をいったん離れてしまうと、転職は容易ではありません。不安定な非正規雇用状態にある若年者は、ニートと言われる社会的な帰属組織のない存在になる確率も高く、また、不安定就労状態が長引くと技能や技術が身につかないので、年齢があがると、さらに安定的な就労が困難になります。何とか若年者の職場定着問題を解決する研究ができないかと考え、橋渡しと結束

[2] ヴェーバーは、『職業としての学問』において、学問そのものは名声や自己保身のための手段ではなく、それ自体が目的である。そう思わない人間は学者には向いていないと述べています。私もそのとおりだと思います。

型の概念を使った研究を行ってみました。

職場定着とネットワークの問題を、本人と上司、そして職場のネットワーク類型を使って考察したものです[3]。

離職の理由は人間関係

若年者の離職理由で、一番よくあげられているのは「人間関係」です。勤務時間の大半をともに過ごす職場の人々が、仕事に対するモチベーションや職場満足度に大きな影響を及ぼすのは当然でしょう。人間関係の悪い職場は不快なものです。

とはいえ、人間関係で離職するといっても、その詳細はよくわかっていません。上司が気むずかしくてつきあいづらい、同僚と相性が悪い、年上のお局様に嫌がらせをされる、総合職と一般職の対立があるなど、人それぞれ、いろいろな問題が考えられます。複数の問題が同時発生しているかもしれません。これら一つ一つのストーリーがすべて「人間関係」という言葉で十把一からげにされています。

この「人間関係問題」を、本人、上司、職場の相性問題としてとらえ、さらに橋渡しと結束の概念を導入して調査、検討してみたところ、若年者が辞めたくなる、上司、職場との関係が推察できました。調査の概要と結果を話しましょう。

転職に至るほどの「人間関係」のトラブルですから、そこには転職したくなっている当事者である若者と、彼（彼女）をとりまく他者がいます。関係の問題を扱う時

[3] 安田雪（2008）〝若年者の転職意向と職場の人間関係〟*WORKS REVIEW*, (3), pp. 32-45. リクルートワークス研究所

に、若年者本人の人間関係構築力だけを取り上げるのは公平とは言えません。職場を辞めたくなるほどの何かは、若者本人のなかだけにあるのではなく、彼と彼をとりまく周囲の人々との間に存在しているはずです

若者の心理状態やキャリア観、人生設計の問題であれば、キャリアカウンセラーの領域ですが、本人と周囲の人間関係問題ですから、まさにこれはパーソナルネットワーク研究の守備範囲です。さっそく、若年者の対人関係性向、直属上司の対人関係性向、職場全体における対人関係の雰囲気という三つの次元を切りだして、その組み合わせと若年者の転職意向との対応を探ってみました。

ここで、鍵となるのが、前述した「結束型」（Closure）と「橋渡し型」（Brokerage）の概念です。そして、私の仮説は、この二つの「人間関係のミスマッチが若年者の早期離職を促す」というものです。問題を分解すると、（1）結束型と橋渡し型、どちらのほうが転職しやすいのか、（2）どちらの上司のほうが、部下を離職させやすいのか、さらに（3）どちらの雰囲気をもつ職場のほうが若者が流出しやすいのかです。結束型のCと橋渡し型Bの組合せ問題です。

ウェブ上で22歳から29歳の若年者1０００人（転職希望者5００名＋非希望者5０0名）に調査をしたところ、おもしろい結果が出てきました。[4]

結束型、橋渡し型の判定ですが、本人に関しては「職場ではグループに属し、まとまって行動するほうだ」「職場では、いつも同じ人たちと行動することを好む」「職場

[4] なお調査の質問項目では、「辞めやすさ」を「転職希望」という言葉で表現しています。

では、グループに属さず一人で行動することが多い」「職場以外の人たちとも幅広い交友関係がある」といった質問に対する回答を合成し、対象者を二つに分けています。上司、職場に関しても、同じように二つに分けたところ、「本人結束型510人、本人橋渡し型490人」「上司結束型698人、上司橋渡し型302人」「職場結束型668人、職場橋渡し型332人」という分布が得られました。

ここで、「若年者本人だけでなく、上司や職場も調査の対象にしなければ、正確な実態は把握できないのではないか」という疑問をもつ人がいるかもしれません。上司や職場の実態がどうであれ、本人がどう感じているか、という認知が大切だと考えて、あえて、上司と職場については回答者の認知上の定義をあてはめています。上司や職場の実態がどうであれ、若年者が感じている状態こそが転職のきっかけになるのではないでしょうか。

転職希望者と非希望者のネットワークの違い

さて、結果を見ていきましょう。

まず、転職希望者と非転職希望者を対比してみると、はたして、転職希望者のほうが上司との関係が良好ではなく、「上司は職場の人間関係を正しく把握していない」と感じていました。さらに、上司が原因で転職を思い立ったり、逆に思いとどまったり、同僚や先輩が原因で転職したくなるなど、人間関係に敏感に反応しています。転職希望者と非希望者の間で、職場満足度など、仕事に関する意識、上司をはじめとした職場仲間との関係、職場の人間関係についての上司の認識力に対する評価に差のあることもわかりました。転職希望者と非希望者では、希望者のほうが職場の人間関係を自分が正しく把握していると認識していながら、その人間関係で悩んでいる様子がうかがえます。

さらに、本人と上司との非良好的な関係、上司の対人関係認識力の不足、職場の雰囲気になじめず人間関係が希薄になっていることなどが、複合的に若年者の転職意識を刺激していることを確認できます。

次は、結束型と橋渡し型のマッチングにいきましょう。本人と上司をそれぞれ2類型に分けていますから、全部で四つの組み合わせができます。

表2は、本人と上司の結束型・橋渡し型の組み合わせマトリックスです。

CCなどの型名の順序は本人、上司の順です。本人上司とも結束は全体の412名、本人結束上司橋渡し型98名、本人橋渡し上司結束型が286名、双方が橋渡し型が204名です。

双方結束型の場合、本人は職場満足度が高く、人間関係に悩みはあるものの、転職意向は高くありません。本人結束上司橋渡し型では、職場満足度が低く、人間関係で悩み、転職意向が強くなります。この二つに共通する結束型の人間は、上司のタイプとは無関係に人間関係に悩みがちです。

表2　本人と上司結束型・橋渡し型の組み合わせ

	上司結束	上司橋渡し
本人結束	**CC 型** △　高職場満足、人間関係に悩むが、転職意向は低い	**CB 型** ×　低職場満足・人間関係で悩み、転職意向強い
本人橋渡し	**BC 型** ◎　高職場満足、人間関係悩まず、転職意向弱い	**BB 型** ○　中職場満足、人間関係悩まず、転職意向弱い

結束型の若者は人間関係に悩む

本人橋渡し上司結束型は、職場満足度が高く、人間関係に対する悩みも少なく、さらには転職意向も弱く、人間関係を理由とした転職をもっともしそうもないタイプです。

最後の本人上司双方が橋渡し型は職場満足度が高いとは言えませんが、人間関係にはあまり悩んでおらず、転職意向も高くありません。この二つに共通する橋渡し型の人間は、さほど対人関係に悩まず、上司とのミスマッチがあっても気にしていないようです。

データから読み取れるのは、結束型の人間のほうが橋渡し型より、人間関係に敏感に反応し、悩みがちであり、結束型の若年者のほうが転職意向も強くなりがちということです。

今回の調査では、対象者1000人のうち、結束型510人、橋渡し型が490人と、結束型がやや多くなっています。この解釈は二通り考えられます。一つは、若年者にも職場で一緒に働く人たちと、安定した、協調的な関係を望む傾向が強い、という見方です。「最近の若者はドライで、個人主義的な傾向が強い」という〝常識〟を覆す解釈です。

もう一つは、生来は橋渡し型なのに、職場では結束型の人間関係を強いられているという見方です。若年者に見られる、あるいは自分がそうであると認知している結束型の人間関係は、当人にとっては強制された閉塞的な人間関係なのです。おそらく、日常の業務を遂行している限り、周囲の緊密で息苦しい結束型関係から出られなくなってしまったのでしょう。とすると、これは本人の性格や希望とは関係はありません。むしろ、若者にとっては、その状態は息苦しくて、不満な状態だと想像されます。

この二つの解釈は、まったく正反対です。つまり、目の前の若年者が結束型の場合、彼（彼女）はいったいどちらのタイプなのか見極める必要があるのです。定着してもらうための対応策は、どちらのタイプかによって変わってきます。

上司が結束型だと部下は働きやすい

上司は基本的に結束型が良いようです。若年者本人のタイプにかかわらず、上司が結束型の場合には、職場満足度は高く、転職意向も低いからです。結束型の若年者と橋渡し型の上司の組み合わせ（ＣＢ）がもっとも転職意向が高く、職場満足度も低いというのは、クラックハートとバートの理論の良いところどりをしたような興味深い結果です。

気をつけて欲しいのは、若年者と上司のどちらも橋渡し型（ＢＢ）は、どちらも結束型（ＣＣ）ほどには職場満足度は高くなく、転職意向が高い点です。橋渡し型上司が若年者に与える悪影響は、若年者が橋渡し型より結束型のほうが強いのです。つまり、若年者の上司には結束型が望ましいということです。とはいえ、橋渡し型の上司をもっても、必ずしも若年者の転職意向が強まるわけではありません。

本人・上司・職場のオクタント

では、さらに三段階8類型で考えてみましょう。

本人・上司・職場の三層ですから、全体は8タイプです。このような8つの類型化を**オクタント**と言います[5]。

表3に、その特徴をまとめてみました。もっとも特徴が出ているのが、本人・上司・職場がすべて結束型、あるいは逆にすべてが橋渡し型の両極端タイプです。両タイプとも転職願望は低くなっています。特に三段階とも結束の場合は、職務満足度が高く転職意向が低い、望ましい組み合わせです。

逆にすべてが橋渡し型のほうは結束力がないため、はたして組織として機能しているのか、という疑問は生じますが、外資系やベンチャー企業に顕著なタイプかもしれません。いずれにせよ、転職意向は弱く、比較的、若年者の定着性が高い傾向が出ていて、これはこれで興味深い類型です。

本人が「上司と合わない」タイプ（CBC、CBB、BCB、BCC）には、問題がありそうです[6]。本人が結束型で上司が橋渡し型である場合（CBC、CBB）、職場のタイプがどれにせよ、非常に転職希望が強く出ています。同じように上司と合っ

[5] オクタントとは、リーダーシップ研究のフィードラーのLPC尺度と職場の分析の研究から借用した言葉です（Fred Fiedler (1967) *A Theory of Leadership Effectiveness.* McGrow-Hill.）。LPC尺度とは"least preferred co-worker"「もっとも一緒に働きたくない人タイプの人」を想定してもらい、被験者を類型化する尺度です。被験者を得点によって関係動機型と課題動機型に分けて、成果をあげやすい環境と対比させる研究です。

[6] CとBの組合せの順番は（本人・上司・職場）の順です。

ていなくても、本人が橋渡し型で上司が結束型である場合（ＢＣＢ、ＢＣＣ）、転職希望は弱くなっています。職場が結束型（ＢＣＣ）であると転職希望がやや強まりますが、上司とも職場とも相性が悪いなら、転職希望が高いのは当然でしょう。

さらに、本人が「職場と合わない」タイプ（ＣＢＢ、ＣＣＢ、ＢＣＣ、ＢＢＣ）は「上司と合わない」と一部は重複します。本人が結束型で職場が橋渡し型（ＣＢＢ、ＣＣＢ）の場合、上司のタイプがどちらであれ、転職希望が強くなります。本人が橋渡し型で職場が結束型（ＢＣＣ、ＢＢＣ）の場合、結束型の上司（ＢＣＣ）のほうが転職希望が強くなります。

橋渡し型の若年者と結束型職場（ＢＣＣ、ＢＢＣ）の場合、人間関係の影響が少ない橋渡し型の特性から、さほど大きな問題は生じていません。上司が本人と同じ橋渡し型（ＢＢＣ）であれば職場満足度も高くなります。上司が結束型（ＢＣＣ）の場合も、その結束力が本人と職場の仲介機能を果たすためか、転職希望は強くないし、職場満足度

表3　本人・上司・職場のオクタント

・職場　結束（C）

	上司結束	上司橋渡し
本人 結束	**CCC型** 職場満足高い 転職希望非常に低い ＊上司は人間関係を理解していると思っている。だが、職場の人間関係に悩む	**CBC型** 職場満足やや低い 転職希望高い ＊職場人間関係希薄だと思うが、上司とは良好
本人 橋渡し	**BCC型** 職場満足・転職希望ともに中間的 Bの中ではもっとも転職希望が高い ＊C上司とB本人の関係は良い。上司のおかげか、職場がCでも悩まず	**BBC型** 職場満足・転職希望ともに中間的 Bの中では、BCCについで転職希望が高い ＊本人がB、上司Bも関係が良い。職場の人間関係でも悩まない

・職場　橋渡し（B）

	上司結束	上司橋渡し
本人 結束	**CCB型** 職場満足高い 転職希望ややあり ＊上司との良好な関係が鍵（職場がどうあれ、上司が良い）	**CBB型** 職場満足低い 転職希望高い ＊人間関係で悩み、上司ともうまくいかない
本人 橋渡し	**BCB型** 職場満足高い 転職希望非常に低い ＊上司が職場を理解しており、職場の人間関係が希薄でないと思っている	**BBB型** 職場満足高い 転職希望非常に低い ＊上司が人間関係を把握しておらず、職場の人間関係希薄感が高い

も低くはありません。さすが橋渡し型です。

取り上げる例が重複しますが、「上司とも職場とも合わない」タイプ（CBB、BCC）のうち、本人結束型、上司ならびに職場が橋渡し型のCBBは転職希望がもっとも強く、本人が緊密な人間関係を必要としているのに、上司や職場の他のメンバーと関係が築けない、救われないタイプです。転職希望が強くなるのも理解できます。

ウェブ調査でもあり統計的検定を行ったわけではありません。とはいえ、若年者本人のネットワーク、上司、そして職場の人間関係の組み合わせの重要性は示唆できたと思います。なお、上司以外にも、同期や、そしてある程度の勤務年数を経たならば、部下との関係も当然発生してくることでしょう。

若年者の転職願望には、上司のありかたや職場のありかたが少なからず関わっています。人間関係が原因の離職の多くは、上司の配慮や職場のありかたで防げたものかもしれないのです。

町内のかかわり方

3-3 日本一長い商店街のつながり

大阪市の北区にある天神橋筋商店街は、南北2・6キロに約600軒の商店が店を並べており、日本一長い商店街と言われています。一丁目にある大阪天満宮の門前町として栄えてきた歴史と伝統のある商店街です。一丁目から七丁目まであり、それぞれが商店街振興組合や、商店街組織となって機能しており、さらに全体を通じて天神橋筋商店街を形成しています。

この商店街で店舗を経営している店主の関係についてインタビュー調査をしたところ、強い紐帯と弱い紐帯のきわめて微妙な使い分けをしていることがわかりました。全長2・6キロですから、南のはしと北のはしではかなりの距離があり、南北の先端の商店主らが活発に行き来するわけではありません。また、商店街の両側の店舗が一元格子のように隣接商店とずっと一連につらなっているわけでもありません。横切る道路の分断があります。各丁目内には商店街組合の長がいて、会費を徴収し、季節ごとのイベントや行事を行うなど、内部をとりまとめています。

定着型か移動型か

代々、商店街を担ってきた老舗の商店主の特徴は、定着です。基本的に、彼らは移動しません。春夏秋冬を通じて、顧客が買いものをしに来るのを待つ立場です。経営がうまくいかなくとも、フランチャイズ店のように店をたたんだり、屋台のように別の場所に移動するわけにはいきません。春夏秋冬を通じて、景気の良い時も悪い時も、朝には店をあけ、夕方には店を閉め明日に備えます。待つだけではなく、季節ごとのイベントをしかけ、セールを行い、商店街への集客を増やす努力はかかせません。住民、大学、企業などとの連携にも力を入れています[1]。

つまり、同じ場所という制約下で、顧客との関係を作り、維持、継続していかねばならないのです。顔見知りが店の前を通りかかれば挨拶をし、相手が買いものをしなくとも一切プレッシャーを与えずに、「また寄ってや」「気ぃつけていきやー」と声をかけるのがあたりまえという、適切な距離を保った関係維持ができるのです。もちろん、顧客のみならず、隣近所、向かいと、周囲の商店主とも良好な関係を保つことも商売上、必須です。老舗の多い土地柄であれば、商店主たちとの関係も固定的で長期的に継続していきます。

地理的に固定された商店主は、いわば一箇所に種を蒔き、季節や天候を考慮しつつ、時間をかけて一年間の収穫を得る農家と同じように、「時間」の先に夢を見ます。土地は不動の制約条件です。職住接近はさすがに少なくなったとはいえ、近隣の

［1］三浦展・神奈川大学曽我部昌史研究室（2008）『商店街再生計画』洋泉社
酒巻貞夫（2008）『商店街の街づくり戦略』創成社

店舗経営者との関係は固定的で、代替不可能な関係です。

一方、フランチャイズ型の店舗の経営者は、違います。彼らにとっては、店舗の立地は戦略上の変数の一つであり、変更できない前提条件ではありません。より条件の良い場所へと移動するという選択肢があります。土地にこだわらない彼らは、空間の先に夢を見ます。空間の先に夢を見るのは、西へ西へと移動していった18世紀のアメリカの開拓者のようなものです。土地は代替可能であり、移動は、日々の人間関係を流動的にします。まるで農耕民族と騎馬民族のようにタイプが異なります。創業の土地にこだわる経営者と、首都圏へ、海外へと進出していく経営者の差とも言えます。4－3項で扱うネットワークビジネスの販売人《ディストリビュータ》のように次々と訪問販売をし、常に新しい人間関係を追いかけるような商売はしません。ひたすら、店舗に顧客が来てくれるのを待つのです。このような、一定の空間制約があるなかでの、顧客そして近隣の人々との関係形成と維持のしかたには、大変な工夫が必要です。

講――弱くて強いつながり

インタビューをすると、店主からは、「同じ町内ではこれ以上、つながりを強くしたいとは思わない」という意見がある一方で、違う丁目、離れた丁目の人々とのつながりを「もう少し強く、広げていきたい」という意見が多々聞かれます。丁目内はいわば3分の徒歩圏ですから、そこで必要以上に紐帯を強めようとはせず、むしろ、距離的に離れた別の町内の商店主らとの関わりを重視しようとするのは、強すぎない紐帯を町内に、さらに数多くの弱い紐帯を町外にかけていくという考えかたです。

天神橋筋商店街は、歴代の各商店街振興会の会長はじめ会員の努力で、現在の活気を保っています。多くの地方商店街がシャッター通り化しつつある現在、活気ある商店街として、修学旅行生、政治家、海外からの視察団までが見学にくるモデルケースとなっているほどです。とはいえ、後継者をどう育成するか、来客者の自転車と老人がカートを押しながら歩ける歩行者道とをどう切り分けるか、などの課題ももちろんあります。

商店街の振興組合は、組合費や商店街費を払って参加する経営の振興組織であり、これがまず店主たちの経済的な紐帯を作る場となります。また、これとは別に、天満宮を支える集団としての「講」の宗教的なつながりも機能しています。

講とは、もともと神様や仏様を祀り、参詣する人々で組織する団体です。天神橋筋の講も地元の天満宮の祭りを司る地域組織ですが、これが永続的紐帯の維持機能を果たしています。[2] 講のつながりは、祭礼など、一定の時期に人々が集まる時には機能しますが、普段の日常生活で拘束をかけてくるほどの関係ではありません。ただ、来年も祭りの時にはまた集まって、祭りの担い手としてそれぞれが仕事をする、日常的にはないも同然ですが、祭礼とその準備あとかたづけの期間中は強固な紐帯となって参加メンバーを結束させる、まさに期間限定の「強い紐帯」です。

[2] 天神橋三丁目商店街振興組合（編）（2010）『天神橋筋繁昌商店街』東方出版

普段の日常生活ではほぼ制約をかさない「弱い」紐帯でありながら、期間限定的に発生し、かつ、来年もさ来年もと天満宮のある限り、おそらく永続的に続く「永劫性」をもった強い紐帯が、「講」のつながりです。日常生活への過剰な関与や、強いつながりによる同調圧力といった、負の機能を避けるための関係の使い分けが見て取れます。さすがに古くから続く商店街においては、共存のための関係の強弱が巧みに使い分けされています。

関係遮断と外部評価のリセット

老舗主らの長期的関係の操作の巧みさは、転職や転居、移動を繰り返すと言われるロスジェネ[3]の姿とは対照的です。定着、半永続的な関係をマネージする能力に欠け、日常生活から離れるために「自分探し」の旅に出てしまう若者[4]について、その目的が外部評価のリセットであるという指摘もされています[5]。単なる旅行であれば一過性のものですが、転居になると、これは、周囲の人たちとの関係を断ち切り、属人的評価のない場所に移動するメリットもありますが、ロスも当然発生します。

転居は、新しく不慣れな町に移動するだけではなく、それ以前の土地に蓄積したソーシャルキャピタルの喪失を意味します。まったく未知の土地であれば、その土地で出会う新しい人々とゼロからソーシャルキャピタルを作り上げなければなりません。負の遺産もない代わりに、挨拶からはじめ、顔見知り、知人、友人、サポートをして

[3] ロスジェネとは、バブル経済崩壊後の一九九〇年代に学校を出た若者たちをさします。就職に苦労し、所属の場を失った人たちが多い世代です。

[4] 雨宮処凛（2009）『ロスジェネはこう生きてきた』平凡社

[5] 内田樹（2007）『下流志向』講談社

くれる人、応援をしてくれる人、そして自分が助けになれる相手、より深いコミットメントをする人々を、日々、地域社会のなかで構築していかなければなりません。進学や就職で親元を離れる際、留学や入社、あるいは結婚や転居の際には、人間、誰もが直面する試練の一つです。

先に、継続的、固定的関係を担う負担、それへの耐性と、そのための知恵と技術を蓄積した人々として商店街の店主を描きました。商店街の店主がもつのが、固定的な変化の少ない環境で、長期的な関係を継続する技術、定着型のネットワークの維持技術です。

一方、見知らぬ土地でゼロから自分のソーシャルキャピタルを構築する力は、また別種類のネットワークの管理技術です。こちらが得意な人もいるでしょう。山岸俊男も信頼研究で、見知らぬ誰とでも「臨機応変に信頼できる相手を見抜く力」の重要性を説いています。パイオニアのような移動型のネットワークを構築する人には、これは最重要な能力でしょう。

「橋を燃やす」つまり、関係を切ることには、善し悪しは別として、外部評価、他人からの評価のリセットという機能もあります。移動によるソーシャルキャピタルの減衰とその再構築に強い人はパイオニア型、定着によるソーシャルキャピタルの蓄積とその有効利用が向いている人は農家型に分類できます。この区分は自分の得手不得手、そして相手の傾向、その土地、空間、あるいは文化的傾向を判断する時には、一つの目安になります。ゼロからの関係構築が難しい時、あるいは苦手な人は遮断よりは維持に注力すべきです。

壊せない関係に入る時

実はこの区分は、パーソナルネットワークを研究する際には、きわめて注意して欲しい点です。商店街や地域のネットワークについてフィールドワークを行う際には、その対象が、定着型のネットワークか、移動型のネットワークかを識別する必要があります。なぜなら、それによってフィールドへの入り方、留意点が変わるからです。

商店街が代表例ですが、前者の場合は、そこの人間関係を可視化することで起こりうるリスクには細心の注意が必要です。孤立者の顕在化は、どうでしょうか。望ましい、もっと強くしたいつながりを調査すれば、必然として、相対的に望まれていない関係がわかってしまいます。人気のあるプレイヤーと、あまり人気のないプレイヤーも判明するかもしれません。意外なつながりを見つける可能性もあります。

こうした情報をあからさまにすると、状況の改善どころか、現状の関係にひびを入れたりゆがめたりする可能性があります。固定的で、破壊できない、相手を選べない状況にある人たちの関係の分析や結果の取り扱いは慎重の上にも慎重を期してください。

これに対して、米国でソーシャルキャピタルの計測調査が行われた、コールセンターのような、短期雇用者、アルバイトが多い職場、あるいは、比較的短い期間で、当事者たちがいれかわる場、当事者たちが比較的自由に関係のありかたを選択できる場でのネットワーク調査は、万が一、失敗があっても、被害を小さくくい止められる可能性があります[6]。

関係を壊すのはもちろん、ゆがめることとさえ許されない場での調査は、くれぐれも慎重でなければなりません。関係には、程度の差こそあれ、すべてそれを内包する空間制約や社会制約があります。その制約条件内での、あらゆる努力の積み重ねが現在の関係を築いている場合が多いのです。狭い土地、古いつながり、常に顔が見える、変えることのできない人間関係のある場所でのネットワーク調査は、要注意です。

これはネットワーク調査に限りませんが、あらゆる社会調査が、対象の問題発見や、批判的検討にとどまることなく、建設的、前向きな提案につながる調査であって欲しいものです。そして、当事者のプラスにならない情報は一切出さない、場合によっては、調査結果は公表せず、調査者が墓場まで持って行く覚悟も必要です。

[6] 投資価値、投資の回収率、投資が回収されるメカニズムが特定できない社会関係はソーシャルキャピタルとは言えないとする、きわめて狭義なソーシャルキャピタルの定義を行ったうえで、コールセンター従業員の関係と成果を分析したフェルナンデスらの論文は秀逸です。
Roberto M. Fernández, Emilio J. Castilla & Paul Moore (2000) "Social capital at work: Networks and employment at a phone center". *American Journal of Sociology*, vol. 105, No. 5, pp. 1288-1356.

3-4 ネットワーク上の伝播

年齢ホモフィリー

人間は自分に似た人を好むというホモフィリー（同質原理）の原理に対し、自分とは異なるタイプの人を好む傾向を**ヘテロフィリー**と言います。わかりやすい対語です。[1] 私たちが転校したり、新しい学校に進学したり、あるいは入社したり転居したりして、誰ひとり知人のいない新しいコミュニティにやってきたとしましょう。まず一番最初に、私たちがするのは、自分と似たような人を見つけて友達になろうとすることではないでしょうか。[2]

同性でほぼ同じ年代、できれば、スポーツや音楽など、趣味が合う人であればさらに嬉しく、話す時のペースや言葉の使い方なども共通したところがあれば安心するのではないでしょうか。

ホモフィリーは早くから、ネットワークの形成原理として注目されてきました。同性、同年代、学歴、所属階層、信仰の共通性など、相手との共通要素が多いほど、人は親しくなりやすいものです。こうした共通要素をもつ人々同士は、相互に価値観や

[1] ヘテロフィリーはイノベーションの温床であり、画期的なアイディアや発明は同質的な集団からではなく、多様性のある集団から生まれやすいという仮説があります。しっかりした実証研究がまたれる仮説です。

[2] 新入社員が会社に入ってまず一番最初に仲良くなるのは、「同期」すなわち同世代の仲間でしょう。10年も20年も先輩のベテランと、いきなり仲良くなったりはしないものです。

規範を共有していることが多く、行動が予測でき、一緒にいやすいためです。キリスト教徒やイスラム教徒であれば、それぞれ、自分たちの宗教が何を大切にし、いかなる禁忌をもっているかについての前提がほぼ共有されていますから、異教徒よりは同じ宗教を信じる人々と交際するほうがわかりやすく、楽です。

アメリカと比較すると、日本人は言語も文化も均一的ですので、米国のパーソナルネットワーク研究で重視される、人種、言語、宗教といった要因はさほど、ネットワーク構成に大きな影響を与えません。日本では一部の熱心なかたがたを除き、宗教上の禁忌や規範が日常生活の細かい行動を規制することはほぼありません。学閥、閨閥といったつながりもありますが、日常で接する人々の範囲を規定する程、強い効果は稀です。

パーソナルネットワークの構成で一番顕著に見られるのが、**年齢**の効果です。

日本に限らず、人間関係の形成において、年齢的なホモフィリーは大変に強いものです。学校によって接触相手が限定されてしまう中学生、高校生は、えてしてさほど年をとってもいない若い教員でさえ「おじさん」「おばさん」扱いをしてみたり、他の世代への関心がきわめて薄く、結束力が強く狭い、悪く言えば排他的な小集団を作りがちです。閉じた小集団内で、相互に密なコミュニケーションを繰り返す傾向が強く、友人への過度な依存や、友人関係を維持するために3分ルール（メールをもらったら3分以内に返事を出す）といった圧迫的な対人関係ルールを作ったりしています。

厳しいルールを守れる者にのみに与えられる集団への帰属感と仲間との一体感は、警察や軍隊といった規律を必要とする職業においても、成員の統制原理として巧みに使われています。厳しい訓練に耐えて、士官候補生学校や特殊な任務を担う救助隊員などの資格を得る若者たちにかもしだされる一体感、帰属意識は、国内外を問わずさまざまな映画でおなじみの光景だと思います。共通体験による一体化です。

また中高生や大学生でなくとも、サラリーマンやＰＴＡの母親集団、電車で楽しげにおしゃべりをしている中高年のおばさん等を見ても、行動範囲や行動時間の許容上の制約はもちろんありますが、結果として、同質原理——似通ったような人々が一緒にいる傾向——が観察されます。

口コミによる情報拡散

年齢的に似通った人々が頻繁に接触すれば、当然、情報交換が起こります。同質的な集団が情報交換をし、徐々にその内容が社会に広まっていくメカニズムが**口コミ**です[3]。

口コミの研究では、女子中学生や高校生の口コミ力の存在が長らく指摘されてきました。人間関係のつながりが情報を拡散させるメカニズムです。口コミ研究は、商品そのものや商品情報の普及研究を行うマーケティング研究者、広告関係の実務家の関

［3］口コミは英語ではバズ（buzz）です。口コミ効果については定性的研究が多かったのですが、近年、大規模データの収集が可能になり、コンピュータの処理能力が格段にあがったため、計量的研究が急速に進んでいます。

心が昨今、非常に高まっている領域です。

最近でこそTwitterへのつぶやき、掲示板やブログ上の多様な商品評価や噂の伝播が「口コミ」として注目されるようになりましたが、インターネットによる情報伝播メカニズムが一切存在しなかった頃からも、噂や口コミは重要な研究対象でした。

不気味な噂の伝播メカニズムの古典的研究には『オルレアンのうわさ』がありま す。[4] セイラムの魔女狩りについての研究でも、小さなコミュニティのなかで普通の人々が会話や接触を通じて、地域の隣人を「魔女」にしたてあげていくプロセスが描かれています。[5] 噂や口コミにはこうした古典的な定性的研究がありますが、近年の口コミ研究では、計量的な手法が飛躍的に洗練されつつあります。そこには二つの流れがあります。

一方で、文系研究者が人々のつながりや知人数の推定などの解明を進めています。もう一方で理系の研究者が、情報がどう広まっていくのか、その普及メカニズムの解明を進めています。この二つはよく似ているようですが、実は違います。

前者の人のつながりは、いわば、情報が伝わっていくインフラ、道路です。それに対して、後者はそのインフラの上を流れる情報そのもの、車の流量です。友人、知人といった人間関係が道路になって、その上を商品やサービスの情報が流れていくわけですから、「道路がどうつながっているか、そのありかた」と「道路上をどう情報が流れていくか」はまったく別々の事象です。ただしもちろん、道路がないところには

[4] エドガール・モラン／杉山光信（訳）(1973)『オルレアンのうわさ――女性誘拐のうわさとその神話作用』みすず書房

[5] Paul Boyer & Stephen Nissenbaum (1974) *Salem Possessed*. Harvard University Press.

車が走れないように、人間関係がないところも口コミ情報は伝播していきません。

商品やサービスの広がりかたの研究と、インフラである人のつながりかたの研究がようやく出会い、所与のネットワークの構造上で情報がどう拡散していくのかという、きわめて数学的にも物理的にも高度な、かつ社会構造の制約上でのダイナミックな社会的相互作用として社会学者には垂涎の、そして実務的にも価値が高い研究領域が新たに拓かれ始めています。

今、一番注目すべき課題は、ネットワーク上の伝播です。つまり、何のネットワークの上で、何が、どのように広がるかの解明です。口コミはもちろん、行動の普及と伝播、ウィルスや病の感染など、ネットワーク上の伝播はまさに最先端の研究者が世界中でしのぎを削る領域です[6]。

Twitter 上のつぶやきの発生頻度から、映画の興行収入を予測するモデルの開発、@cosme の分析など、大規模なデータをスマートに収集、分析する研究が続々と進められており、普及するもの――先の例で言えば道路の上を走る車――についてはマーケティング領域で非常に研究が進んでいます。それでは、インフラである道路の側、情報伝播の道路である人間関係そのものの研究はどうでしょうか。

私たちはやはり大規模な人間関係のホールネットワーク構造を知りたいのですが、現実社会の大規模なパーソナルネットワークデータが入手できません。よって、その代替としてSNSのデータを使って、情報が伝播するインフラである人間関係の構造

[6] 実は2‐4項で紹介したセントーラの研究も、ネットワーク上の伝播の研究です。

を調べるのが精一杯の現状です。

ＳＮＳが登場し、ネットワーク研究の対象になったのは２００６年前後からです。国内の mixi、GREE をはじめ、２０１０年現在、世界最大規模の5億人のユーザーを誇る Facebook まで、ＳＮＳのユーザー人口は増大を続けています。

5億個のネットワーク

Facebook がすごいのは、５億人のネットワークだからではなく、５億個のネットワークがそのなかにあるところです。もちろん、５億人で Facebook という一つのネットワークを形成しているのですが、見方を変えれば、そこに5億個のネットワークを発見できるはずです。５億人が作る一つのネットワークとしてとらえるか、５億個のエゴネットワークがあると考えるか。これは、地上20メートルを飛ぶ鳥の目でホールネットワークを眺めるか、地上にいる虫の目で見たエゴネットワークを数え上げるか、視点の問題です。
誰もが自分の友人とのネットワークをＳＮＳ上には構築します。ですからＳＮＳの巨大なつながりのなかには、ユーザーの数だけ、エゴネットワークが存在し、それが全体のホールネットワークを形成していると見るべきなのです。mixi の１８００万人でも同じことです。１８００万人のネットワークが一つあるのではなく、ホールネットワークのなかには、１８００万個のネットワークが存在しているのです。これはすごいことです。

これまでにも、アジア、欧州、アフリカ、南米から、島々まで、地球上のありとあらゆる場所をつなぎあげる巨大なネットワークとしては、電話網や道路網が存在していたわけですが、これはいわば一つの巨大なネットワークで、個人のエゴネットの集積とは言えません。

ところが、SNSでは、エゴネットに属する他者は、他者のエゴネットワークの結節点でもあり、その連結をたぐっていくことで、全体のつらなりが発生してきます。もちろん、SNSの参加者すべてが一つの大きなネットワークにつながっている――連結成分が一つ――とは限りません。

とはいえ参加者の数だけのエゴネットワークを内包するSNSは、パーソナルネットワークの研究者にとって魅力的なデータの宝庫です。残念ながらFacebookは謎が多く、2010年の現時点では、内部のつながりデータは公開をされていません[7]。

ここでは、入手可能な国内のSNS、mixiデータから、口コミのインフラとして、日本人のつながり状態を検討していきます[8]。

mixiの成長と変化――1700万個のネットワーク

さて、人間関係は道路、情報・財・感情などがその上を車のように流れていく、こんなイメージで研究を進めていくと、社会科学というよりも、OR（オペレーション

[7] 研究用ではなくビジネスとして関係情報の商品化が進められています。

[8] 大規模ネットワークの解析は、文系研究者だけでは不可能です。良い共同研究者と出会えるかが鍵になります。良いデータを企業から引き出せる人材、シミュレーション技術をもつ人、高いプログラミング能力をもつ研究者などの探索と協力関係の構築は、ネットワーク研究には不可欠です。

ズ・リサーチ）分野の、流量の測定や、システム論の応用研究といった雰囲気が漂ってきます。

mixiのデータを２００６年に解析した当時は、ユーザー数は36万人でした。当時はそれでも巨大なネットワークだと思ったものですが、その後、ユーザー数は拡大の一途をたどり、２０１０年の時点では、１７００万人にものぼっています。

これだけ規模が拡大すれば、内部のつながりにはどのような変化が起こるのでしょうか。２００９年時のネットワークの特徴量を見てみましょう[9]。

大規模ネットワークの特徴量としては、ノード数、リンク数、平均パス長、クラスタリング係数、スケールフリー性を確認するのが一般的です。なぜ、これらの指標が使われるのかについては、４－２項で詳しく解説します。

ユーザー数は50倍近くになり、リンク数は１００倍以上にもなっています。その一方で驚くべきことに、部分推定ですが[10]、平均パス長は５・53から５・46と、ほとんど変わっていません。連結成分にだけに関して言えば、全体で36万人の時にユーザーは平均５・５歩でつながっていたわけですが、全体が１７００万人に拡大してもほぼ平均５・５歩でつながっています。クラスター係数は０・33から０・24になっていますから、かなり下がっています。友達の友達が友達である確率が相当下がったことになります。

４年間でこれほどネットワークの規模が拡大しているにもかかわらず、ネットワー

[9] 丸井淳己・加藤幹生・松尾豊・安田雪（2010）〝ｍｉｘｉのネットワーク分析〟情報処理学会創立50周年記念全国大会抄録集２ pp. 553-554

[10] 部分計算（５％）の結果です。

ク指標にはさほどの違いは見られません。基本的に短いパス長と、そこそこのクラスタリング係数ですから、そこに成立しているのはワッツとストロガッツの１９９８年の論文以来、一躍、社会科学を飛び出し理工系の研究対象となった「スモールワールド」現象です。

社会学者は「６次の隔たり」で名高いミルグラムの郵便実験以来、おなじみの、そしてやや飽きがきていた概念でしたが、ワッツらのシミュレーション論文がスモールワールド概念に光をあてたことが契機となって、その後、あたかも雨後の筍のように、統計物理学者や工学者、バイオインフォマティックス、システムバイオロジーなど、自然科学系、工学系の多数の分野で、独立的に「複雑ネットワーク」研究が育ち始めました。社会科学以外の領域でのネットワーク研究については、後述しますが、すさまじい勢いで進展しています。

さて、構造自体は規模が拡大してもさほど変わりはなく、もてる一部の人に紐帯が集中し、大多数の人はわずかな紐帯しかもっていない、スケールフリー構造があること、平均してほぼ６歩でユーザー同士は互いに到達が可能でありながら、友人の友人が友人である割合も高いので局所凝集性も見られ、いわゆるスモールワールド状態が続いていることなどが確認できます。なお、２００８年１月にランダム選択した千人のユーザーでは、平均２歩で１％、４歩で12％、６歩で88％、７歩で98％に到達することがわかっています。[11]

表４　mixi ユーザー数とネットワーク特徴量の2009年と2006年の比較

特徴量	2009年	2006年
ユーザー	1693万人	36万人
リンク	４億1425万	380万本
平均パス長[8]	5.46	5.53
クラスター係数	0.237	0.328

[11] fujisawa (2008) 〝ｍｉｘｉのスモールワールド性の検証〟 http://alpha.mixi.co.jp/blog/?p=144

年齢階級別のつながりかたに注目してみると、女性の19〜22歳は、超密連結なのが見られます。同性・同年代伝播効果が大きいクラスターです。一方、女性でも27歳以上になると同年代連結が少なくなります。意外に、女性の27歳以上は、同性・同年代への伝播効果は少なそうです。男性を見てみると、27〜30歳、31〜34歳までは互いに同世代のつながりがあり、おそらく情報伝播の効果がありそうです。年代があがると、徐々に自分の年代グループ外へのつながりが増えていくのですが、一定の割合で同世代つながりは保たれているので、年代内の伝播効果を推定してよさそうです。

また図17は、年齢クラスター別のつながりの相対的割合を関係の濃淡であらわしたものです。割合が高いところの色が濃く、割合の低いところが薄い色になっています。対角線上の四角がもっとも濃いのは、同じクラスター内のつながりが強いためです。対角線の周囲がやはり濃くなっており、近い世代とのつながりの強さが認められます。異世代との交流は、意識しない限り少なくなりがちです。

ここで少しおもしろいのが、同性・同年齢とよりも、2歳前後上下の異性との接触が多いことです。そして、年齢があがると女性の交際範囲（年齢幅）が狭まり、男性の交際年齢幅が広がっていることにも注目してください。

完全に同一の年代より、前後2歳程度の差があるつながりが多いのは、興味や関心の年齢的な拡がりの幅を示唆していると考えられます。また、異性とのつながりの強さを考えると、異性を通じての情報の間接的発信に効果があることが予測できます。

たとえば、男性向け商品情報は、やや年下の女性へ向けて発信すると間接的に伝わる可能性があるということです。特定の年代の女性向け商品情報を、ちょうどその年齢の女性だけをターゲットとして送るのではなく、少し年上の男性層と彼女らのつながりに期待した流れを工夫するなどの戦略が考えられます。噂やデマはこのつながりをつたって広がります。

パーソナルネットワークは、情報拡散のまさにインフラなのです。

年代効果か世代効果か

ＳＮＳのデータを使って年齢の効果を検討してきましたが、ここで年齢や年代を論じる際の重要な注意点を述べます。

それは年代と世代（コホート）の違いです。年代効果と世代効果も別物です。両者を必ず区別して考え、特定の年齢層の人々に固有の現象を見かけた際には、これは年代効果なのか、世代効果なのかを考える習慣をつけましょう。

コホートとは、特定の時期に生まれた人々で、その人々が年をとるとともに、その特性もそろって一緒にもちあがっていくような集団です[12]。

昭和の中頃に生まれた人々は、美空ひばりさんの美声に聞き惚れ、寅さん映画に涙を流し、百恵さんや秀樹さんにあこがれを抱きました。平成生まれの子どもが、美空ひばりさん、寅さん、百恵さん、あるいは秀樹さんのファンである確率は非常に低いと

[12] コホートの語源は、ラテン語のCohorが語源で、ローマの戦闘集団（３０００人から６０００人）の１／10にあたる部隊が語源です。

15歳から30代までの年齢別マイミクつながりの分布

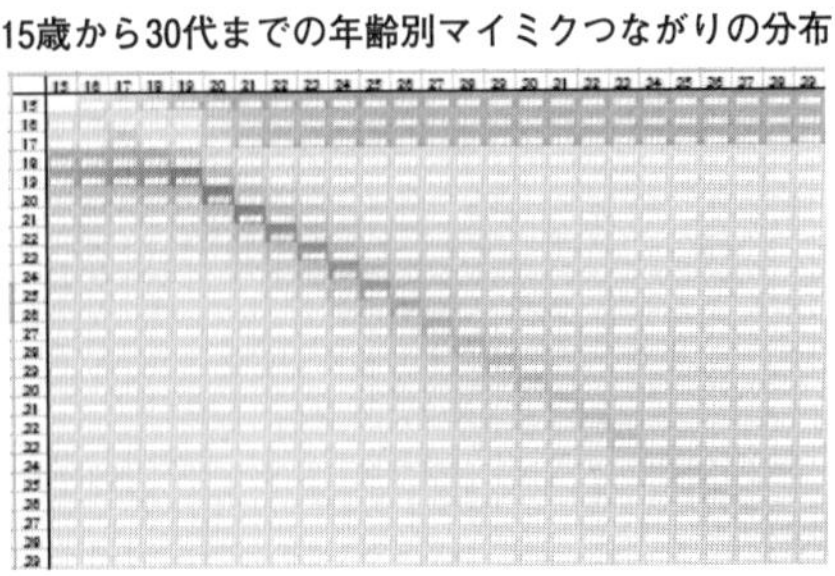

図17　mixi 年齢別つながり

思います。昭和の中頃に生まれた人たちは10代から中高年か老年になるまで、ひばりさんや百恵さんファンという特徴をもち続けます。10代を卒業したらそれで終わり、その後に生まれてきた子どもたちが10代になった時に、その特徴を引き継ぐということはありません。これが世代効果です。[13] それぞれのコホートに特徴的な行動は、次のコホートには引き継がれません。

一方、昭和生まれであろうと平成生まれであろうと、多くの子どもは、おままごとをしたり人形遊びをしたり、小学生の一時期、「ドラえもん」に夢中になったりします。多くの中高年は「健康グッズ」を買い求めたり、初老になると「寺巡り」や「お遍路」を思い立ったりします。これらは、それぞれの年代に特徴的な行動で、年代効果のあらわれです。

年代効果によってあらわれる行動は、その人たちが年をとると、ほぼ消え失せます。ところが、世代効果は違います。その集団が年をとっても、その特徴はそのままもちあがって継続します。

1994年頃からほぼ10年間の就職氷河期に、新卒として就職活動をせざるをえなかった世代を「ロスジェネ＝ロストジェネレーション」、失われた世代と呼ぶことがあります。[14] 1970年代はじめから1980年代はじめまでのほぼ10年間に生まれた人々です。

彼らが失ったのは、18歳ないし22歳時点の初職の就職先だけではなく、その後の技

[13] プリキュア世代とセーラームーン世代というたとえもできます。

[14] 本来、「ロストジェネレーション」とは、第一世界大戦後のパリで青春時代を過ごしたフィッツジェラルドやヘミングウェイらの一群の作家を指す言葉です。悲惨な戦争の記憶と、おびただしい数の戦死者に対する悲しみを共有した世代です。

能や技能の形成機会です。その人生において、年を重ねてもとりかえしのつかないハンディを抱えたコホートを象徴するのが「ロスジェネ」という世代です。この世代は、新卒時に技能や職能を身につける機会、そして仕事を通じて人とつながる機会が著しく制限されてしまったため、キャリアを積み重ねていくうえで大変なハンディを担わされています。彼らの年代があがるとともに、安定した正社員になれない人々の平均年齢もあがっていきます。これは年齢効果ではなく、世代の効果です。

さて、mixiに見られた2歳上下とのマイミクパターンが、年代効果なのか世代効果なのか、その区別は現時点ではつきません。何年、あるいは何十年とかけて、参加者たちが年を重ねていくにつれ、そのネットワークがどう変化するのか、時系列データの蓄積を見ない限り、残念ながら、この識別はできません。相当な長期的プロジェクトなので、後世の研究者に期待しています。

研究と時間の流れについて考えるにはちょうど良い事例があります。次に語るのは、50年も前の実験がいまだに、形を変え方法を変えながらも、本質的には同じことを問い続けながら、いまなお最先端の研究に引き継がれている例です。

3-5

6次の隔たり電子版

オンラインのスモールワールド

「世界中の誰とも6人を介せば、つながれる」という6次の隔たり仮説は、ミルグラムらの行った「スモールワールド」実験と、その後の統計物理学者の活躍によって広く普及しました。1960年代のミルグラムらの実験は赤の他人に知人を介して到達できるかを試みる「郵送実験」でしたが、インターネットを使ってターゲットへのメッセージ伝達を試みる、いわば「オンライン版スモールワールド実験」とも言える実験が近年、次々と展開されています。

なかでも、スモールワールドシミュレーションで、物理学者を一気にネットワーク解析の世界にひきこんだ、ダンカン・ワッツらがコロンビア大学に作ったウェブサイトで行った研究が有名です。[1]

[1] Peter Sheridan Dodds, Roby Muhamad & Duncan J. Watts (2003) "An experimental study of search in global social networks", *Science*, 8 August vol. 301, no. 5634, pp. 837-829.

電子版では4ステップ?

ワッツらの実験は、世界中からウェブで参加者を募って行われました。ターゲットは、13の国々に住む、年齢や性別の異なる18人です。

調査に参加登録をすると、サイトでは参加者に、一人、ターゲットを選んでくれます。参加者が届けやすそうだからといって勝手にターゲットを選ぶことはできません。参加者は、このターゲットにメールを届けなければいけないのですが、ターゲットはおそらく赤の他人、未知の人でしょうから、自分の知人のうちで、このターゲットに一番早く、直接、メールを届けてくれそうな人を最大3人まで、選びます。そして、その人（たち）に「これこれしかじかの実験をしているので、このターゲットに心当たりがあれば直接、なければ、この人に一番早くメールを送ってくれそうな人にメールを送って欲しい」とメールを送ることで、課題を先送りします。

参加者からこのメールをもらった人は、調査に協力する気になれば、ターゲットが自分の知人であれば直接、知人でなければ、自分の知り合いのうち、ターゲットに早くメールを届けてくれそうな人にまたメールを送って、課題を先送りします。こうしてメールはだんだんとターゲットに近づいていき、うまくいけば本人に到達するはずです。

この繰り返しの後に、ターゲットにメールが届けば、成功。一方で、参加者が発したメールがいつの間にか途切れてしまい、ターゲットに何も届かなければ失敗、というのはミルグラムらの郵送実験と同じ設定です。

ワッツらの事件は世界規模であり、かつ手段が電子メールだというところが今日的です。さて、このオンライン版スモールワールド実験は、規模も大きく、参加登録者は9847人でしたが、結局、個人情報を提供し、実際にターゲットに向けてメール発信をしたのは166ヵ国の、61168人でした。そこからはじまったのが、24163通のメールの連鎖です。

なお、多くの国から参加者が馳せ参じていますが、大多数はアメリカ人です。

結果は、384通がターゲットに到着、到着分の平均のパス長は4・05でした。同国内ならず、海外在住者までもがターゲットに含まれているにもかかわらず、ミルグラムの実験結果よりもさらに少ないステップ数で、メールは参加者からターゲットに届いています。本当に短い距離で驚くほどです。

もちろん、これはターゲットに到達したメールがたどったパスの長さの平均ですから、本当に世界の人々がどのくらいの距離でつながっているかを考えるには、過小評価になります。未到達、行方不明メールがあるからです。

ワッツらはこの点を補正し、参加者とターゲットの距離のメディアンを、同じ国に住んでいれば約5、外国にいれば約7と推定しています。それでもかなり短い距離で、世界中の人々がつながっていると思わざるをえない結果です。

誰を介してつながるのか

この時、彼らの実験では、参加者はターゲットへのメールを託す際、「誰にメールを出したか」「どういう関係の人か」そして「その人との関係の強さ」を尋ねています。

上位だけを見てみると、相手は7割弱が友人、親戚が1割、同僚、配偶者、その他大事な人たちが1割以下で発生しています。関係では「仕事関係」が25％、学校・大学関係が22％、家族（親族）が19％です。関係の強さでは、「きわめて親しい18％」「とても親しい33％」「まあまあ親しい22％」、「普通22％」……という分布になっています。

やはり、友人が鍵になっています。この友人の約半数が、仕事ないし学校（大学）がきっかけで知りあった友人とされています。

さらに、到達と非到達を比較してみると、仕事がらみの関係者へ託されたメールのほうが、単なる友人や家族親族に託したメールよりもターゲットに到達しやすいこと、仕事や高等教育を契機とした関係を介したほうが、その他の関係を介するよりも到達しやすいことも確認されています。

おもしろいのは、男性は男性に（57％）、女性は女性に（61％）メッセージを送る、同性つながりを活用する傾向です。この度合いは女性のほうがやや強く、ターゲットがメールの発信者と受信者と同性の場合には、さらに同性つながりを使う傾向が3％ほど強まるという結果が出ています。送り先相手との関係の強さを見ると、「大変親しい」、「まあまあ親しい」の割合が高いのですが、到達分については「普通」と「あまり親しくない」がよく使われています。「弱い紐帯の情報拡散力が強い」という

表5　誰を介してつながるか（Dodds, 2003をもとに作成）

表5-1　関係の種類
友人　67％
親戚　10％
同僚　9％
兄弟・姉妹　5％
恋人・パートナー　3％

表5-2　関係の発生元
仕事　25％
学校／大学　22％
家族／親戚　19％
共通の友達　9％
インターネット　6％

表5-3　関係の強さ
きわめて親しい　18％
とても親しい　33％
まあまあ親しい　22％
普通　22％
さほど親しくない　4％

※上位5位までのみ記載。

仮説がここでも支持された結果です。

6万人以上が13ヵ国の18人のターゲットに到達すべく実験に参加しましたが、ターゲットの国籍や職業にかかわらず、ミルグラム実験同様に、わずか数ステップでターゲットには到達しうること、到達したメッセージは、仕事関係の知人、しかも、弱い紐帯を経由していること、さらには、参加者のモチベーションのちょっとした違い、すなわち途中で誰か一人がやめるか否かといった小さな初期の差異で到達可能性が大きく変わることなどが明らかにされました。

1960年代の郵送実験をもとに、それとはかけ離れた世界的規模で、6次の隔たり、弱い紐帯仮説を検証した画期的実験です。単なる設定や規模だけではなく、6次の隔たり仮説、メッセージ伝達上のホモフィリー仮説、弱い紐帯仮説、認知の影響力仮説など、さまざまな仮説を部分的に融合させながら論じていく非常におもしろい論文です。実験最中から世界中の研究者の注目を集めていましたが、2003年に出たこの論文も、大変に魅力的なものでした。

しかし、ここで研究を止めてしまわない、これでは終わらないのが、ワッツらのすごいところです。

電子版のさらなるチャレンジ

2009年、WWW2009という国際会議[2]で、またしてもワッツらのチームが、

[2] Sharad Goel, Roby Muhamad, & Duncan Watts (2009) "Social search in 'small world' experiment". WWW2009 April 20–24 Madrid, Spain, International World Wide Web Conference (IW3C2), pp. 701–710.

スモールワールドのオンライン版実験についての報告をしています。この報告では、二つの実験データを組みあわせていますが、さらに規模が大きく、２００３年論文以降のデータも含み、１６２３２８通という膨大なメールが、19ヵ国の30人のターゲットに向けて発信されたその結果の解析と、それに基づくターゲットとの距離の推定が論じられています。

結果は、またもや、「６次の隔たり」仮説が支持されるものでした。しかし、この論文ではワッツらはこれまでにない重要な問題提起をしています。

それは「確かに届く人には短い距離で届くが、短い距離では届かない人がいる」ということです。順を追って説明しましょう。

まず膨大な数の参加者が19ヵ国にも向けて膨大なメールを発信していますから、その到達状況はいかがかとおもいきや、これは非常に成功率が低いのです。

第一次実験（２００１年12月から２００３年８月）では、参加者が１６８ヵ国から９万８８６５人、発信されたメールチェーンは１０万６２９５通、ターゲットは13ヵ国18人です。第二次実験（２００３年８月から２００７年12月）は、１６３ヵ国から８万５６２１人、メールチェーンは５万６０３３通、13ヵ国21人がターゲットです。到達数は第一次実験で４９１通（０・５％）、第二次実験で61通（０・１％）ですから、ミルグラムの約20％に比べると著しく低い数字です。

論文の脚注で、この第一次実験は、先の２００３年の“*Science*”の論文データなのですが、コーディングを変えたり、複数回答者の数え直しをしたりしたため、発送や到達数（および率）の数値が異なっていると解説されています。

到達分は非常に少ないので、ターゲットへの成功するメールチェーンの分析はとてもしにくくなるはずなのですが、やはり彼らは執拗です。ターゲットへの到達ではなく、ターゲットへ到達させようと、メールを先に送ってくれる人はどういう人かを、ワッツらは詳しく検討し始めたのです[3]。つまり、最後までメールが届くかどうかではなく、メールをもらったうち、どういう人はちゃんと次の人へメールを送り、どういう人はそこで止めてしまうかを8万8875のメールの発信者と受信者のペアをデータに分析したのです。連鎖のネットワークをダイアド（二者関係）に切り刻んだわけです。

約8万9000個のペアのうち、68％のメールがそこで終わり、32％がきっちりと先送りをしていたのですが、この違いをもたらすものにワッツらは注目したのです。

驚くべき発見は、ソーシャルキャピタルが多い回答者は、メール連鎖を継続する確率が高いということです。実験では年齢、性別、学歴、職種、職位、収入、紐帯の強さなど、メールの受信者と発信者双方の情報を確認していますので、その組み合わせを見ると、ソーシャルキャピタルと人的資本の多い人がきちんとメールを先送りし、少ない人は受け取ったメールを止めがちなことがはっきりとあらわれてきたのです。

学歴や職位、所得の高い人は受け取ったメールをまた次に出す可能性が高く、次に

[3] 到達先がターゲットのケースは、この分析から除いています。

もらった人もまた学歴や職位、所得の高い人がメールを次に出す確率が高い……ということを繰り返していきますから、メールが旅をしていくのは、きわめて均質的な人々が作る道のりになります。この現象をつきつめていくと、ある種の人には、短い距離で届きやすいが、ある種の人々は人々の連鎖の上にあがりにくく、短い距離でつながりにくいということになりかねません。

これは、社会の統合と分断を考えると大変に重要なインプリケーションをもつ、怖い発見です。

トポロジー距離とアルゴリズム距離

ワッツらは無回答の補正を含めて、この発見が真なのか、複数の実験データセットを使って丁寧に推定計算をし、議論を慎重に進めていきます。

このさらなるチャレンジの論文においては、**トポロジー距離**と**アルゴリズム距離**という重要な区別が提案されています[4]。実際の関係上の距離と認知上の距離です。

トポロジカルなスモールワールド仮説は、実際に、人々がどうつながっているのかを問題にします。世界中の人々をランダムに二人選んだ時に、その人たちは比較的短い距離で実際につながっている確率が高いということです。

一方、アルゴリズム的なスモールワールド仮説では、「人々は短い距離でつながっているし、しかも普通の人々はその経路がわかっている」というものです。両者は全

[4] トポロジーとは、物体の三次元空間内の位置関係を分析する数学の一分野で、位相数学と言います。トポロジーの考えでは、ドーナッツとコーヒーカップを同じ型とみなします。

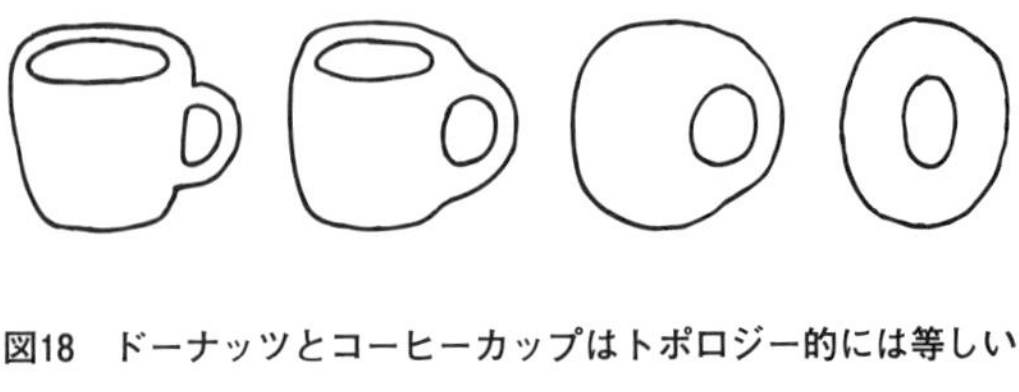

図18　ドーナッツとコーヒーカップはトポロジー的には等しい

然違います。バラバシらが発見した単語の共起ネットワークや、生物メタボリックネットワーク、さらには巨大なものでは1億8000万のインスタントメッセンジャーユーザーさえ6歩程度でつながっているという発見は多々あります[5]。ですが、それらは「型」としてつながっているにすぎません。SNSユーザーが他のユーザーへ、インスタントメッセンジャーユーザーが他のユーザーへ、あるいは単語が別の単語のところまで実際に、6歩程度で到達しえた！という話ではありません。つながりがどうか、と、それをどう認知して、かつその地図をたどって出発点である自分から他人へ正しく到達できたかは、別の話です。そして後者の実証研究は、まだほとんどないのです[6]。先の2－5項の私の表現で言えば、実際と認知の差に、探索力の差を付け加えた問題設定です。

ワッツらはトポロジー的にもアルゴリズム的にも、ある種の人々にとって世界は小さく「6次の隔たり」が成り立つが、アルゴリズム的にはそうでない人々が存在するということを、人々の距離推定を行ったうえで指摘しています[7]。

「人は確かに驚くほど短い距離で互いにつながっているようだが、実際につながろうとした時には短い距離でつながれる人とそうでない人がいる。つまりトポロジー距離で言えば6次の隔たり理論は正しく、アルゴリズム距離で言えばそうでもない。特にアルゴリズム距離の差は、人々のソーシャルキャピタルや、どうも人的資本《ヒューマンキャピタル》とも関連しそうである。」

[5] なお、マイクロソフトも、300億のメールデータを使って、世界中の人々は、平均6・6歩で互いに到達できるという結果を出しています。
Jure Leskovee & Eric Horvitz (2007) "Planetary-scale views on an instant-messaging network" *Microsoft Research Technical Report*, MSR-TR-2006-186.

[6] それに近いものの例として、グラノヴェターの転職成功事例が引用されるわけです。

[7] 推定値の「平均値（mean）」と「中央値（median）」の差をその論拠としていますが、この距離の推定方法はきわめて複雑で、詳細な検討と議論が続きそうです。

これがワッツらの学会報告のキモです。

アルゴリズム距離とは、人々の探索行動上の距離です。コンピュータの探索アルゴリズムの概念が強い彼らだからこそのネーミングでしょう。

ソーシャルキャピタルによる社会的連鎖の違いが、もし本当にワッツらの指摘どおりに大きいのであれば、これは、政治的、社会的にも大問題になりかねません。社会統合やコミュニティの融合、不平等の是正や階層研究上も、大きなインプリケーションがあります。調査法、理論構築のツメ、距離の推定の詳細も含めて、この真偽については今後も多くの議論や検討が続いていくでしょう。

現実に人々がどうつながっているのか。それを人々がどう認知しているのか。さらには、そのなかで到達したい相手に到達するための「探索力」には、人によっていかなる違いがあるのか。さらには、それが、ソーシャルキャピタルの違い、コミュニティや社会階層の分断とどう関わっていくのか。解くべき問いがふくらみます。

スモールワールド実験が拓いた研究の地平線の広さと、そこに果敢に攻め込んでいくワッツらの研究には目が離せません。

Ⅳ

パーソナルネットワークの設計とデザイン

「災害がエリートを脅かす理由の一つは、多くの意味で、
権力が災害現場にいる市井の人々に移るからだ。
危機に最初に対応し、間に合わせに共同キッチンを作り、
ネットワークを作るのは住民たちだ。」
——レベッカ・ソルニット『災害ユートピア』高月園子訳,
pp. 427-428.

ここまで、現実社会において人々がどうつながっているのか、そして、それを人々がどう認識しているのか、研究者はどう把握しようとしているのか、さらには、その所与の知識をもとに人々は目的をもった時にどのようにネットワークを使うのか、あるいは目的に対してどのようにネットワークが制約をかけるのかを議論してきました。

この章では、ネットワークを所与のもの、あるいは制約条件とするのではなく、自分がパーソナルネットワークを、作ったり、育てたり、目的に向けて動員したり、切断したりすることについて考えてみます。我々人間が、社会構造に埋め込まれた、関係によって拘束されるだけのちっぽけな存在ではなく、ダイナミックにネットワークを作ったり、利用したりできないか、あるいは自分のであれ他人のであれネットワークを設計できないか、その可能性を論じていきます。

グラフを使ってネットワーク構造を分析する時は、空間や距離、ノードの属性を考えずにすみます。個々の構成要素にとっての関係の有無だけが重要で、それ以外の要素はすべて捨象するので、安心して関係構造だけに集中できます。

ところが、現実社会において関係を考える場合には、必ず、空間や距離をどう扱うかという問題が出てきます。グラフ理論では位置は無視できますが、実際に相互作用が起こるありとあらゆる場面で、要素間の距離や空間的配置は、構造にも行為にもそのうえで広まる事象にも大きな影響を及ぼします。

ネットワークを人為的に設計しようという場合には、距離や空間をどうモデルにとりこむか、どう理論的に考えていくかが重要です。社会ネットワーク分析では、この作業が必ずしもうまく進んでいるとは言えません。

2次元情報（距離）と、3次元情報（空間）、そして4次元目を規定する時間を、いかに巧みにとりこんでいけるかが、今後のネットワーク研究を左右することは間違いありません。

時間軸や空間軸のネットワーク研究への取り組みは、あまりにも大きく、かつ難しい問題ですが、挑戦しがいのある先端的な領域です。

いきなり難しい抽象的な話題を掲げても、なかなか想像がつきにくいと思いますので、教室内の私語という、誰でもおなじみの例から考えてみましょう。

4-1 雪崩は止められるか

講義中の学生さんの私語は、教室の規模が大きくなるほど増えがちです。受講者の数が100、200と増えていくと、教室内は大変にやかましくなります。現在、教鞭を執っている大学でも、大教室ほどやかましく、本当に情けなく恥ずかしいことだと思っています。

私語は少しでも放置しておくとだんだんに悪化して、他の学生さんに伝染し、教室内に広がっていきます。講義中に私語の大洪水を許すわけにはいきません。私語防止のために、私は二つの直接的な対策をとっています。

一つは経済的合理性に訴える方法、もう一つがカスケード現象を使った説明です。双方をセットにして話すと、だいたいの私語は収まってくれますので、ある程度、有効なのだと思っています。

第一の経済的合理性ですが、これは、学生と保護者のかたがたのお財布へ訴える話です。

まずは「大学へ納める授業料と単位数、そして1単位あたりの授業コマ数、授業コマあたりの正味時間数（90分とか100分でしょうか）を考えると、講義時間1分あたりは、いったいいくらくらいに相当するのか。さらに、教室内にいる学生さんの数を考慮してみよ。教室内の学生さんが支払った1分あたりの金額を合計すると、いったいいくらあたりのお金が、この講義1分に支払われたことになるのか」です。

当然、この帰結は、「私語をして周囲に迷惑をかける学生さんはその金額分の損失を発生させるのであるから、私語は止めるべき」という話になります。が、さらに言えば、この話は諸刃の剣でもあって、休講をする先生はそれだけの損失を学生さんに与えるのであるから、休講の掲示があったら喜んでいる場合ではなく、教員に怒ってしかるべきなのですという話になります。どちらにせよ世知辛い損得勘定が絡むと、ルールを守るモチベーションは多少は上がるようです。非常に寂しい話です。

もともと講義中には、私語はせず静粛を守る、ノートをとる、携帯電話で遊ばない、眠らないといったあたりまえのルールやマナーは学生さんも理解しています。さすがに大学生にもなれば、この程度の善悪の判断基準はしっかりともっているはずです。秩序維持や規則遵守については、判断がつかない幼稚園児や小学生であれば、善悪の判断をきっちり教えます。しかし、各自で判断が可能であれば、あとはルールを守るモチベーションの問題です。

講義1分あたり教室全体の学生さんの支払い金額を考えさせる、というのは、このモチベーションを刺激する方法です。

とはいえ、ネットワークの研究者としてはもう少し、ネットワーク的に「私語防止」ができないものでしょうか。そこで出てくるのが、第二のカスケード現象の議論です。

カスケード現象

カスケード現象とは、雪崩現象ともいい、複雑ネットワークの研究で盛んに取り上げられるテーマです。先にあげたグラッドウェルの本『急に売れ始めるにはワケがある』もカスケード現象を扱ったものです。ニューヨークで2003年に起きた一斉停電現象は、よく、カスケード現象の例としてあげられます。ことわざでは、「重荷の上の藁一本がラクダの骨を折る」でしょうか。決壊直前の防波堤、あるいは、ドミノ倒しといった状況を思い浮かべてください。

カスケード現象とは、ごくわずかな外部からの刺激が引き金になって、連鎖的な反応が起こり、それまで保たれていた均衡状態が崩れることです[1]。何とか耐えていた状況に、何か小さな一撃が加えられることによって、局所的な破綻がまず起こり、それが増幅して瞬く間に全域的な破綻が起こる状況です。小さな一撃とは、たとえば藁一本がラクダの荷物の上に乗せられるとか、送電線のある一箇所だけが断線するとか、そういったほんのささいなことです。ドミノ倒しも最初の一枚をちょっと倒してやるだけで、そのあとは上手に並べてあれば、何百枚、何千枚ときれいにすべてが倒れて

[1] 蔵本由紀（2007）『非線形科学』集英社、は均衡状態の崩れをはじめとする非線形現象についての良書です。

いきます。このカスケード現象前と後の分岐点、それをグラッドウェルは**ティッピング・ポイント**と呼んでいるのです。

私語とカスケード現象をあわせて考えてみましょう。教室内にはさまざまな判断力とモチベーションをもった学生さんがいます。教室内の誰ひとりしゃべっていなくとも、気にせず私語を始めてしまう、一番困ったタイプの学生。この学生の私語の閾値は0です。[2] かたや、その反対の極にいるのが、周囲で自分以外の全員がしゃべり出すまでは、自分は私語はしないという意志堅固な学生です。かりに100人の学生が教室にいるとすると、この学生の私語の閾値は99です。

教室の他のすべての学生は、この両極端のどこかしら、中間地点にいます。自分の周囲の3、4人がしゃべり出したら一緒になっておしゃべりしてしまうという周囲迎合派（閾値は3ないし4です）。教室を見渡した時に2分の1くらいがしゃべっているなら、まあ自分もしゃべってもいいかなと考える体制賛同派（閾値は50です）。室内で8割を超えて皆がおしゃべりをしているなら、これは講義にはならんので私語をしても良い、教員が静謐を守れないのが悪いとする現実派（閾値は80です）。学生さんの私語に対する許容度にもいろいろなバリエーションがあります。

現在の大学で一番多いと思われるのが、隣一人が話しかけてきたら自分も返事をしたくなるという、二者関係のルールが、判断力に優先するタイプです。これは、教室というフィールドのあちこちで、ぽっぽっと発火しますので、連鎖が広がらないうち

［2］閾値とは、何か反応を起こさせるために最小限必要な刺激の大きさです。

に、モグラたたきゲームのように私語をたたきつぶさねばなりません。

さて、こういったいろいろな私語の閾値をもった学生の集団を想定してみましょう。おもしろいのは、彼らをどう並べるか、どう配置するかによって、私語のカスケードが起こるかあるいは完全に教室を静かにできるかが、モデル化できることです。

ボトルネック

遠足に行く際にグループで移動をしていくと、各グループが目的地に着く時間は、グループ内で一番足の遅い子どもの速度によって決まります。一番足の遅い子どもは、**ボトルネック**です。[3] この子どもが歩く速度があがれば、グループ全体が目的地に早くつけます。一番速く歩ける子どもが、より速く歩けるようになっても、「遠足ではグループ全体がそろって目的地に着くこと！」という規則がある限り、最速の子どものスピードはグループの到着時刻には何の関係もありません。グループ全体の到着を早めたいならば、一番、足の遅い子どもの荷物をもってやるなどして、その子が少しでも速く歩けるようにするしかありません。

隊列の長さもまた、一番、足の遅い子をどこに入れるかによって違ってきます。

一番足の遅い子を遠足の隊列の一番後ろにおけば、先頭と最後の間隔は大変広くなります。けれども、一番先頭に一番足の遅い子どもに歩いてもらい、その後に足の速い子どもを並べれば、隊列はコンパクトにまとまり、だらだらと長くはなりません。

[3] ボトルネックとは文字通り「瓶の首」、ジュースやワインの瓶が急に細くなって口につながる部分を指します。急に狭くなる部分では、通り抜けられる容量が急に少なくなり、ここに渋滞現象が起きます。生産工程でのボトルネックとは、工程の流れ上、一番、渋滞が起こりやすく、製造途中の製品が滞りやすい部分で、これが改善できれば製造工程がスムースに流れます。

これは工場の生産管理の要諦を小説じたてにした『ザ・ゴール』[4]という本で紹介されている、生産工程における「ボトルネック」の重要性のお話です。グループ全体の到着までの時間、あるいは、隊列の長さという集団全体のありかたを決定しているのが、実は一番足の速い子どもの速度でも平均の速度でもなく、一番足の遅い子どもの歩く速さだという、あたりまえのようで見過ごされがちな点を指摘した、おもしろい話です。

ゴールドラットの場合は、生産工程の改善すべきポイントとして、ボトルネックの重要性を説いています。これはカスケード現象とは反対に、ごく一部の力不足が、全体の制約条件となり、停滞状況を規定している現象です。

私語の連鎖は防止できるか

さて、私たちの事例、つまり、教室の私語の場合はどうでしょうか。

私語の閾値が0の学生さんが一人いたとします。この学生の隣に、私語の閾値が1の学生さんがいたら、この二人はすぐに結託して私語を始めてしまいますから、私語をしている学生数は2になります。さて、この二人の隣に、閾値2の学生さんがいたらどうなるでしょう。閾値2の学生さんは、周囲で私語をしている人が一人だけならば自分は静かにしているのですが、周囲で二人がしゃべっていると自分も私語に加わってしまいます。これで三人がしゃべり出しました。

[4] エリヤフ・ゴールドラット／三本木亮（訳）（2001）『ザ・ゴール』ダイヤモンド社

図19　ボトルネックと隊列の長さ

この連鎖を繰り返していくと、閾値99の学生さんまで、つまり全員がしゃべり出すのはあっという間です。一人がしゃべり出すと、次の閾値の人がそれに対応してしゃべりだし、二人がしゃべり出すと、次に閾値の高い人がつられてしゃべりだし、三人がしゃべっていますから、その次に閾値の高い人がつられてしゃべりだし……というふうに、閾値の下限が次々に破られていき、最終的には教室内の全員がしゃべり出すまで私語のカスケードが広まります。なんたることでしょう。学生さんのおしゃべりの連鎖は止められないのでしょうか。

このカスケードを止めるには、閾値0の学生さんと閾値1の学生さんを接触させないことです。

オセロゲームのボードのように、縦、横、斜めときれいに椅子が配置されている教室を考えてみてください。はじっこの列に座らない限り、学生さんは自分の周囲に8人の人がいることになります。閾値0の学生さんの周囲8人のなかに、閾値1の人がいたら、この場ではすぐ私語が開始されます。さらに、閾値0あるいは1の人と隣り合わせの範囲に閾値2の学生さんが一人いれば、私語は3人になります。ここで私語をしている、閾値0、1、2の学生さんのいずれかの隣に閾値0から3までの学生さんがいれば、私語はさらに拡大します。これでは、私語の浸食はどんどん進んでいってしまいます。この繰り返しは、大変にまずい状況です。

カスケードを発生させないためには、私語閾値0の学生さんの席がポイントになります。私語閾値０の学生さんを閾値の高い、たとえば80とか90の学生さんで取り囲んでしまえば、彼（彼女）がいくら私語をしていても、連鎖は起こりません。極端な話、私語閾値２の学生さんはおしゃべりしやすいタイプではありますが、私語閾値０の学生さんを私語閾値２の学生さんで取り囲み、さらに私語閾値２の学生さんの外側に私語閾値３以上の学生さんで取り囲んでしまえば、私語の連鎖は広がりようがありません。どうでしょうか。広がりを封じ込める作戦です。

それぞれの学生のしゃべりやすさ、私語に対する同調行動のレベルは変えられません。けれども、学生さんの席の並びかたに工夫をすれば、私語の雪崩を起こしたり、止めたりすることができそうです。

ここでは、学生さんは各自が閾値をもつということに加えて、自分をとりまく前後左右、斜め上下８人のうち誰かがしゃべらない限り、しゃべり出さないという前提をおいています。現実の教室環境では、学生さんの視野は広く、また席が遠く離れたところでの私語も聞こえてきますから、なかなかこれほど単純に私語を完全に封じ込められはしないでしょう。

社会的伝染においては、何らかの現象に対するさまざまな閾値をもった人々がつながりあっており、自分の近傍の反応に対応して、反応（私語）したり、反応しなかったりします。その反応がどこまで大きな連鎖になるのか、その程度は、異なる閾値をもった人々がどう配置されているかに大きく影響されますが、現実では、何らかの刺激に対する人の反応閾値は計測しにくいこと、人の居場所や配置は簡単には操作できないことから、社会実験を行うのはなかなか難しいものです。山火事のように広がるのか、少数の扇動者が広げるのかもよくわかっていません。

そこで、つらなりあう人々の反応閾値や、位置の組み合わせをいろいろ変えてみた時に、全体としてどのような連鎖や伝染が起こるのかを確かめるという、シミュレーション研究が行われるわけです。

大人数の集まる講演会や、大教室の講義に参加する機会があったら、ぜひ、私語の分布と広まりかたに注目してみてください。おそらく、発火して燃え広がる私語連鎖と、沈静化する連鎖との違いを発見できると思います。

並び変えで連鎖を止める

さて、講義中の私語への憤懣から始まった話ですが、基本的には、同じメンバー、同じ人数、同じ空間制約のなかでも、配置を変えるだけで、そこで生じる現象に大きな違いがありうることを認識していただけたでしょうか。

極端にモデル化してしまうと、学生さんに前向きに一列に並んでもらいます。その際、おしゃべりの閾値の低い順に閾値0、閾値1、閾値2……から閾値99、閾値100の順番に並んでもらうとしましょう。ここで、各自は自分の前にいる人たちの様子はわかりますが、自分の後ろは見えないものとします。よほど狭い廊下ででもなければありえないような、やや非現実的な制約です。

さて、この状況で、列の先頭である閾値0さんがおしゃべりをし始めてしまえば、おしゃべりはドミノ状に後ろに後ろにと拡大していきます。常に自分がおしゃべりをしてもいいな、と思うに十分な数の人が自分の前でおしゃべりをしているわけですから、閾値0さんが一人出しゃべり出したとたん、あっという間に私語の連鎖が広がり、全員が話し始めるはずです。

しかし、ここで並び順をほんの少しだけ変えてみましょう。閾値0さんと閾値1さんの間に、閾値2さんに入ってもらったとしましょう。0、2、1、3、4、5……あとは100まで順番どおりで、以前と同じ設定です。

さて、学生さんは前の人の様子のみにつられて、私語をするかどうかを決めるのですから、ここで閾値0さんがしゃべり出したならば、何が起こるでしょう。この場合は、閾値0さんがいくら私語をしても、この行列は私語がなく静かなままです。閾値2さんは閾値0さんが一人でしゃべっていてもつられてはしゃべりません。二人以上が私語をしていないと反応しないのが閾値2さんだからです。当然、閾値2さんが黙っている限り、その背後にいる閾値3以上の人々の私語も起こらないということになります。

ちょっと非現実的な設定ですが、たった二人の位置関係を変えただけで、全員に私語が連鎖するか、まったくしないかが分かれます。おもしろい設定だと思いませんか。

人間関係は操作できない、口コミ連鎖や情報の流れの統制は難しいと繰り返し、ここまで語ってきましたが、ネットワークのデザイン、配置と設計はまったく不可能なわけではありません。きわめて単純化したモデルの話でしたが、その可能性とおもしろさを感じていただけたかと思います。

ここまで教室の私語については仮想の話をしてきました。このような「周囲の人の一定数以上が特定の状況（病にかかる、あるいは、燃え出す）になったら、自分もその状況におちいる」というルールに従ってシミュレーションを行う、ライフゲームや、森林火災のシミュレーションゲームなどがあります。シミュレーションゲームは単純に見えますが、実は、感染や伝播についての研究は非常に奥が深く、数学的にも高度な技法が要求されます[5]。

疫学の感染モデルでもっとも有名なのはＳＩＲモデルです[6]。このモデルを展開していくと、感染症の突発的流行が起こるか否かは、初期の感受性人口に対して、一人の平均的な感染者が感染させる二次感染者の総数が1より大きいか否かで決まることがわかります。要するに、初期に感染症にかかった人が平均一人以上に感染症を伝染させれば、感染症の突発的流行が起こり、1以下であれば流行は起こらないことになります。さらにはこのモデルを使って、感染症流行の最終規模を推定することもできます。

[5] たとえば、ホルスト・Ｒ・ティーメ／齋藤保久（監訳）（2008）『生物集団の数学（下）』は感染症についての数理モデルを丁寧に解説しています。

[6] ＳＩＲモデル
Ｓ：感受性人口。まだ感染はしていないが、感染したら他人に感染させる力のある人口
Ｅ：感染しても、感染させる力はない人口
Ｉ：感染しており、かつ感染させる力のある人口
Ｒ：感染したが、回復して免疫を得た人口
これらの変数を組みあわせてモデル化し単位時間あたりの変化をシミュレーションで追いかけていきます。

ＳＩＲモデルはたくさんの仮定をおいています。

感染する可能性のある「感受染者」には潜伏期間はなく、感染すると直ちに感染者になること、感染者は死んだり回復したり感染段階から離れること、病気から回復した人は生涯の免疫を得て二度と感受性者には戻らないこと、そして、すべての感染者が等しい感染性をもつことなどです。

これらの仮定は感染症の研究には妥当性があるのですが、口コミの伝播や商品の流行の文脈に置き直して考えてみると、やや不自然なもの、相容れないものもあります。すべての感染者が等しい感染性をもつとは、たとえば、集団全員の口コミをする力が等しい、あるいは集団全員がおもしろい話を聞いた瞬間に、すぐその話を他者にしゃべり出す、といった仮定になってしまいます。これは非現実的です。

とはいえ、感染症の流行モデルは、人々のつながりかたが徐々に明らかになってきた現在、ネットワーク状につながった人々の集団に、どのような普及や伝播が見られるかを想像する基盤となります。つながりの型が違えば、普及のありかたも変わります。

日本でも、国立感染症研究所で、都市の人口移動についてのデータであるパーソントリップ調査をもとに人々の接触状況を計算し、新型インフルエンザの流行を予測するシミュレーション研究がなされています。これは都市住民が移動するネットワークがあり、そのうえでの感染拡大のシミュレーションですから、非常に大規模かつダイナミックで、教室内の私語どころではない緊張感にあふれた研究です[7]。何も対策をしなかった場合の罹患者数の予測と感染拡大のペースにはじまり、外出自粛の有効性や効果の程度、タミフルの予防投与の有無と罹患患者率の割合など、パラメータの設定に工夫が凝らされています。そして、早い段階での隔離や外出防止が拡大防止にはきわめて有効と論じています。感染症の拡大も、初期段階での小さな違い（隔離、外出防止などをするか）が、その後の結果（感染拡大するか否か）に大きな差を生み出すという典型例なのです。

現実には、「不要不急の外出自粛」や、学校による休校措置は予測程には人々の行動範囲を限定しませんでした。新型インフルエンザで休校措置をとれば大学生はアルバイトに邁進し、行き場のない高校生はカラオケボックスに集まり、小中学生は昼ご飯やおやつを買いにファストフード店やコンビニに出ました。移動制限措置も自治体や地域による差があり、通勤する両親、通学する近隣地域の学生など、人々の移動も交流も途絶えることなく、結局、病はあっさりと全国に広まったのはご存じのとおりです。

人間の行動には必ずこうした「想定外」の事態がつきまといます。想定外の行動をいかに減らし、行動の予測の精度を上げられるのでしょうか。疾病に限らず、普及研究における人間理解は社会科学の大きな課題です。

[7] 大日康史・菅原民枝（2009）『パンデミック・シミュレーション』技術評論社

4-2 ネットワークの形成メカニズム

これまでに扱ってきたネットワークは、できあがったネットワーク、つまり、分析途中で成長したり、変化したりしない「静的」なネットワークでした。はじめに構造ありきで、一定のネットワークの型があった時に、その特徴をどうとらえるか、その構造が及ぼす効果はいかなるものかといった問いをたてて、私たちは分析を進めてきました。いわば、与えられたネットワークは変わらないことを前提に研究をしてきたのです。

一方、現実のパーソナルネットワークはどうでしょうか。友人関係は卒業、転校や転居によってがらっと変わります。職場で人事異動があれば業務遂行チームの顔ぶれは替わるでしょう。親族関係も誕生、結婚、死亡によって変化していきます。現実の人間関係は、育ち、枯れ、再生し、消滅し、変化し続けるものです。

ダイナミックモデル

こうした変化するネットワークを扱うためには、静的なモデルではなく、ダイナミックなモデルが必要です。とはいえ、静的なネットワークでさえ分析するのは大変ですから、そこへ時間とともに変わるネットワークを扱おうとすると問題は飛躍的に難しくなります。時間とともに成長あるいは疲弊どちらか一方だけしているネットワークならまだ扱えそうですが、関係が部分的に育ったり枯れたりしているネットワークはさらに複雑そうです。どこに注目すべきかわからなくなってしまいます。

そこで、変化するネットワークのなかでも、できるだけ単純なものから、少しずつ考えてみましょう。ここでは成長だけを扱うことにして、減衰は扱わないことにします。

できるだけ複雑な要素を排除して、成長するダイナミックなネットワークを考えてみます。成長するネットワークについては、いくつものモデルが提案されています[1]。

ネットワークを成長させる場合、最初は何もない状況から、ノードとリンクを増やしていってネットワークを成長させていく方法と、まず、一定数のノードの数を存在させておいて、紐帯だけを少しずつ増やし関係数を増やしてネットワークを成長させていく方法の、二通りが考えられます。

まずは、誰もいないところにノードがあらわれ、その後から次々ノードがあらわれ、そのたびにすでにいるノードに関係を一本ずつ付け加えていく場合を考えましょう。二番目以降にあらわれたノードは、すでに存在しているノードのいずれかにリンクを張っていきます。この際、問題になるのはどのノードにリンクをはるかです。ノ

[1] 本質を理解するために、細かいことを切り捨てて、根本的なメカニズムだけを残して記述したものをモデルと言います。一方、アルゴリズムとは問題解決のための定型的な技法や手続きです。

ードが皆、「とりあえずその場にいる人の中から無作為に選んでリンクを張る」ことにしたら、できあがるネットワークはランダムネットワークです。二人目は一人目にリンクを張るしかありませんが、三人目は、一人目ないし二人目のいずれかに1／2の確率でリンクを張ります。四人目にきた人は、すでにいるうちの誰かに1／3で、五人目に来た人はすでにいるうちの誰か一人に1／4で……というふうに、ネットワークを増やしていけば、一見、何の規則性もなさそうにごちゃごちゃしたネットワークができていきます。

入学式や入社式などでおおぜいの初対面の人と出会い、その後の数ヵ月あるいは数年間をその人たちと過ごすことが運命づけられたとしましょう。そんな時に人は、まずは周囲の人の様子を観察し、微笑みかけ、話しかけ、自己紹介をしあい、少しずつ時間をかけて仲間を作っていきます。その際、人は何を基準に友人や仲間を選ぶのでしょうか。ランダムネットワークのように、誰と仲良くするかは運次第、誰と仲良くなる確率も等しいという人は少ないと思います。やはり、性別、年齢、外見では服装や話し方が相手の人となりを伝えるメッセージになります。会話が成立すれば、学籍、家族構成、出身地、趣味などの付加的な情報も得られるでしょう。私たちは友人や知人をランダムに選択してはいません。あなたの友人知人を考えてみても、男女、年齢構成、学歴や出身地、趣味などに非常な偏りが見られると思います。

「エスキモーに会えない社会ではエスキモーとは結婚できない」と、人種分布の偏

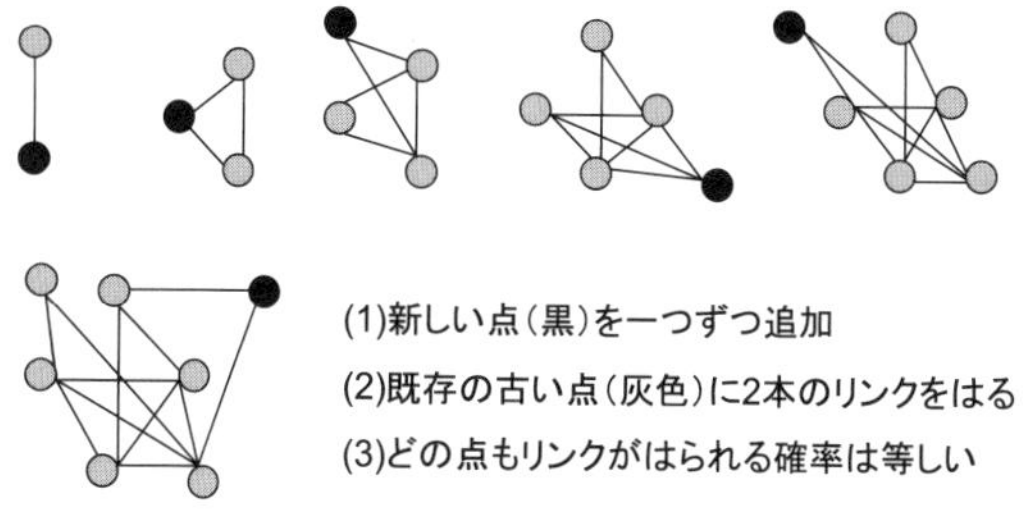
(1)新しい点(黒)を一つずつ追加
(2)既存の古い点(灰色)に2本のリンクをはる
(3)どの点もリンクがはられる確率は等しい

図20　無作為にリンクを張る

りを、社会構造による制約として論じたのはピーター・ブラウですが、周囲の存在と同じあるいはそれ以上に、パーソナルネットワークの偏りをもたらすのは私たちの選択です。この含意については、次のBAモデルを紹介したあとに詳しく論じます。

近傍選択と優先的選択

また、ノードが別の原則をたてて、「自分は自分から近い位置のノードにリンクを張る」と決めたならば、どのような形のネットワークができるでしょうか。自分に近い位置の人を選ぶ**近傍選択**は、**CNN**（Connecting Nearest Neighbor）と言います。この場合は、物理的に近い位置の人とつながりますから、最後に加わった点の位置次第で、線グラフができたり、格子ができたり、さまざまな可能性があります。身近な人と結びつきやすいという原則ですから、いわば職場やクラス内の恋愛結婚のようなイメージです。

さらに別の規則も考えられます。自分は「既存のノードのうち、一番たくさん、リンクをすでにもっているノードにつながる」とする規則にノードが従ったならば、これは**優先的選択**（**PA**：Preferential Attachment）です。アルバートとバラバシが論文で提唱したので**BAモデル**とも言います[2]。

BAモデルは成長するネットワークの画期的なモデルで、大変に有名です。この方法でネットワークを成長させていくと、スケールフリーネットワークができるからで

[2] Réka Albert & Albert-László Barabási（2002）“Statistical mechanics of complex networks”. *Reviews of Modern Physics*, 74, pp. 47-97. ?doi:10.1103/RevModPhys.74.47.
　アルバート＝ラズロ・バラバシ／青木薫（訳）（2002）『新ネットワーク思考』NHK出版、には彼の研究成果が大変読みやすく書かれています。

す。こちらのイメージはもてる人がますますもてて、人気者は時間がたつにつれ、ますます人気が出るという強者には都合よく弱いものには辛い状況です。この場合、最初の人気の度合いが僅差であっても、時間がたつにつれてその差が大きくなり、いわゆる**パレートの法則**[3]、「8：2の法則」があてはまる状況が生じたりします。

スケールフリーネットワークとは、文字通り訳すと、スケール（尺度）に縛られないネットワークです。ノードがもっている紐帯数である次数の分布をグラフにすると、最頻値が極端に左よりにあって右に長い尾を引く山ができます。このような分布では、平均値にほとんど意味はありませんし、その形の特徴と言える尺度がないので、スケールフリーネットワークと呼ばれています。スケールフリーネットワークの分布は、x軸とy軸を対数軸にした両対数グラフになおすと、分布がきれいに右下がりの直線上に乗ります。この右下がりの直線の傾きを、いろいろなネットワークで調べたところ、ほぼマイナス2～3の間の値になるというのもバラバシらの発見です。この傾き（γ）をべき係数と言います。

さらには優先的選択と近傍選択を組みあわせて、ノード間の距離の近さと、既存の紐帯数の多さとを一定の組み合わせで掛け合わせ、リンクのかかりやすさを決定して、ネットワークを成長させていくこともできます。近くにいる人気者、近くにいる普通の人、少し遠くにいる人気者、少し遠くにいる普通の人、はるかかなたにいる人気者と普通の人……といった順番に、リンクがかかりやすい確率を決めて、ノードと

[3] ヴィルフレド・パレートが提唱、2割の高額所得者が社会の8割の富を所有しているという分布の不均衡を表わす法則。

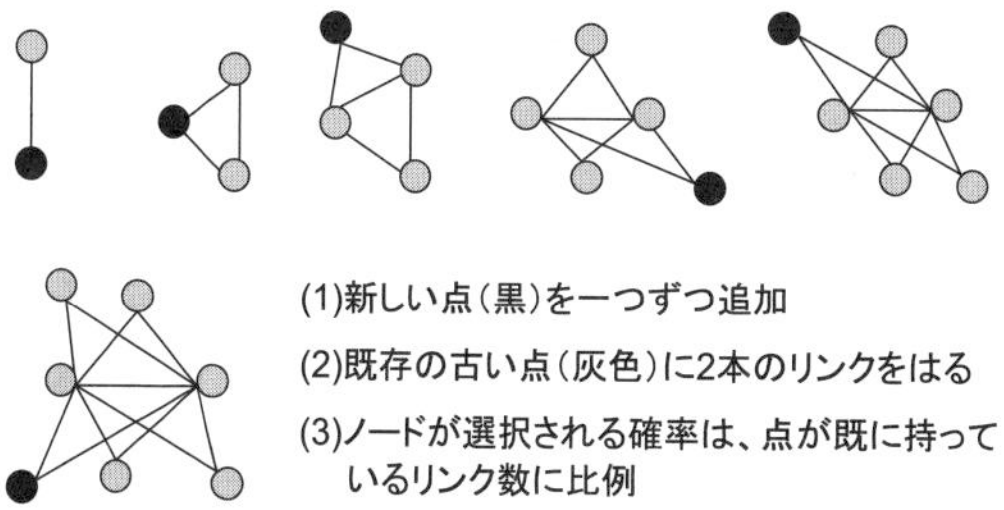

(1)新しい点（黒）を一つずつ追加
(2)既存の古い点（灰色）に2本のリンクをはる
(3)ノードが選択される確率は、点が既に持っているリンク数に比例

図21　優先的選択でネットワークを張る

リンクを増やしていけば良いわけです。現実には、いくら魅力があろうとも、はるかかなたにいる人では仲良くしようもありません。それであれば身近な普通の人と仲良くなる確率のほうが、高そうです。ジョニー・デップがいくら魅力をもち女性の人気を集めていようが、それはそれとして、普通の女性は彼氏を自分の身近にいる「そこそこの男性」から選ぶわけですから、**優先的近傍選択**は、より現実的な距離の制約があるモデルです。

いくつかの規則を最初に作って、ネットワークの成長を考える戦略は、複雑ネットワークの研究者が得意です。これまでの三つのルールはどれも、比較的、単純なルールでしたが、この単純なルールを淡々と繰り返していくうちに、ネットワークは成長し、全体として思いもよらなかった形になったりします。

これが単純なルールの繰り返しによって複雑なものを作るおもしろさです。

そして裏をかえせば、これはまた、「複雑な、あるいは複雑そうに見えるものでも、実は単純なルールでできあがっている」ということなのです。この解明こそが複雑ネットワーク研究者の喜びにつながるわけです。

BAモデルの二人が明らかにしたのは、「優先的選択を繰り返していくと、弱肉強

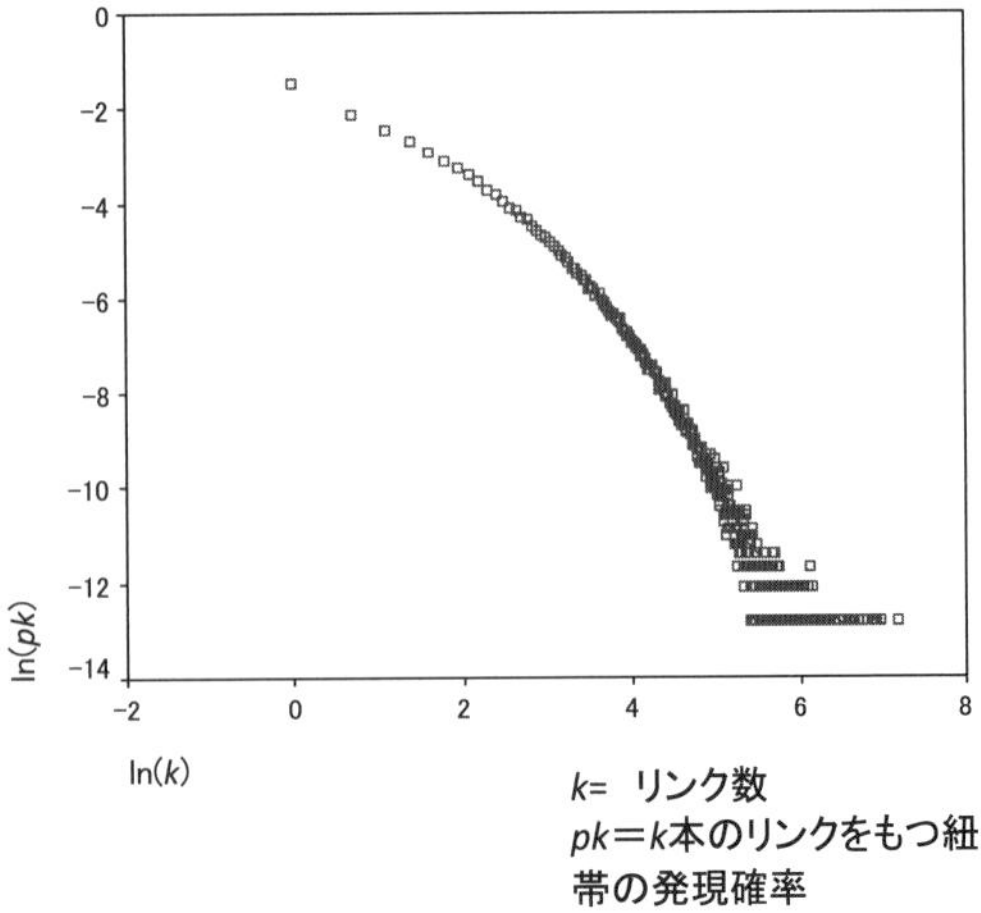

k= リンク数
pk＝k本のリンクをもつ紐帯の発現確率

図22　スケールフリーネットワークにおける次数分布

食のネットワークができる」ということだけではなく、「およそ世の中に存在する多くのネットワークは、優先的選択の原則でできている」ことなのです。

さて、先のランダムネットワークの原則に従ってネットワークを作ると、その結果できあがるネットワークでは紐帯分布はポワソン分布[4]になってしまいます。ランダムネットワークの作り方では、スケールフリーネットワークはできないのです。SNSのmixi上で得たネットワークがスケールフリーであることを3－4項で述べましたが、私たちが友人をランダムに選んでいないことは、友人関係のホールネットワークを見た時にそれがスケールフリー構造であることからもわかります。

ランダムにネットワークを作っても、自然にはあれほどどこにでも見られるスケールフリーネットワークはできません。いとも単純そうなルールでスケールフリーネットワークをこしらえられるBAモデルを提案したのは、やはりバラバシとアルバートの天才的な才能のひらめきだと言えます。

[4] ポワソン分布とは、起こりうる状況が頻繁で低い確率で発生する事象が、互いに独立して発生する時に従う分布です。

ネットワークの変形

ネットワークを変化させるまったく別の方法として、ノード数を一定にして紐帯を増やす方法があります。

初期設定としてノード数を（たとえば50人）固定してしまい、そこに上限（たとえば100本）まで一本ずつ紐帯を増やしていって、人数は増やさないまま関係だけ増やしていく方法です。関係の張りかたは、先と同じくランダム、近傍選択、優先的選択、優先的近傍選択などが考えられます。モデルとしては、ノード数が固定で、そのなかで紐帯数だけが変わっていくので、すっきりとしています。

この時に、紐帯を張る条件を決めておいて、一定の条件がそろった時にだけ、ノード間に紐帯をはらせるというモデルもできます。閾値を超えたら紐帯を張るという操作でネットワークを作るので**閾値モデル**と言います。ネットワークのノード数は増えませんから、基本的に**非成長モデル**です。

それぞれのノードに特定の重さを与えて、ノード同士の重みが一定の値を越えたらその二つをリンクするといった規則を設定すると、これは現実の人間関係の形成にも似たモデルができそうです。ノードである個人の結婚願望が一定以上になると男女ノード間で結婚が成立する、あるいは友人探索が一定以上、活発な人たちだけが相互に結びつくといった状況があてはまりそうです。この場合は個人属性としてノードに重み情報を与えるわけですが、この重みの分布も、現実をふまえていろいろ工夫ができるのがおもしろいところです。たとえば、恋愛願望や結婚願望の程度は人によって違うと思われるので、確率分布に工夫ができます。友人探索の活動レベルや、孤独に対する耐性、交際する友人や知人の上限数など、多様なパラメータが考えられます。なお、空間的な近さを考慮して、距離に応じてリンクの張られやすさを操作する空間閾値モデルもあります。[5] 近傍選択ルールを先にあげましたが、それと似た考えかたで

[5] 伊藤大雄・宇野裕之（編著）(2010)『離散数学のすすめ』現代数学社 p. 300.

す。

人間関係の成長や変化を理解するためには、多くの心理的、社会的要因を考慮する必要があります。ところが、人間の心や脳はいまなおブラックボックスであり、関係の変化に対して何がどう機能したのか、わからないことだらけです。できるだけ不要な情報を取捨選択して、特定のパラメータの変化が全体の関係変化に及ぼす影響を知るためには、ここにあげたような、きわめて単純化したネットワークのモデルから出発して考えていくことに意義があるのです。[6] ノードの性質、紐帯の性質、ノード同士の空間的距離といった多くのパラメータ操作ができるものを、少しずつ変化させて、そのうちに全体に何が起こるか、その過程で生じる、意外な変化を見つけることが、科学の方向性やありかたまでをも変える大論文に結晶したりすることもあるのです。ネットワーク研究の世界では、文理を問わず、知らない人のいない、ワッツとストロガッツの論文はまさにその典型です。

[6] 逆に、現実のネットワークの成長を観察する時にもこれらのモデルが頭に入っていると類型化しやすくなります。

スモールワールド・シミュレーション

ワッツとストロガッツの有名なスモールワールド・シミュレーションは、全体のノード数と紐帯の数の両方を一定にしておいて、そのつながりかただけをあれこれと結び変えた（リワイヤリング）ものなので、ネットワークを変化させてはいますが、ネットワークを成長させたとは言えません。

あまりにも有名で多くの本で言及されているので、できれば省略したいところですが、ネットワークの本である以上、この話は避けて通れません。ネットワークの構造を変化させるという意味ではダイナミックモデルに関連しますので、ここでは最低限の情報と解釈上の重要なポイントのみ記します。

ワッツらの実験では、円状態にぐるっと並べられたノードが、初期設定では、すべて4本のリンクをもち、両隣とその一つむこう隣と規則的に結びついています。この規則的なつながりをほどいて、ランダムに別のノードにどんどん掛け替えていったら何が起こるのかを調べたのが、二人の実験のおもしろいところです。

ランダムな掛け替えですから、進むにつれて、だんだん、ネットワークの見た目もぐちゃぐちゃしてきて、当初の規則的な構造が壊れていくのがわかります。この二人の実験がすごいのは、このネットワークのぐちゃぐちゃになっていく過程で起こる本質的な変化を、わずか二つの特徴量の組み合わせで説明したところです。

その二つの特徴量とは、クラスタリング係数と平均パス長です。その後、次数分布とあわせて、この三つの特徴量は、およそ何らかのネットワークを分析する時には、最初に確認すべき指標として定着しています。なお、次数分布からべき係数を計算するのも定石ですが、大規模なネットワーク、ノー

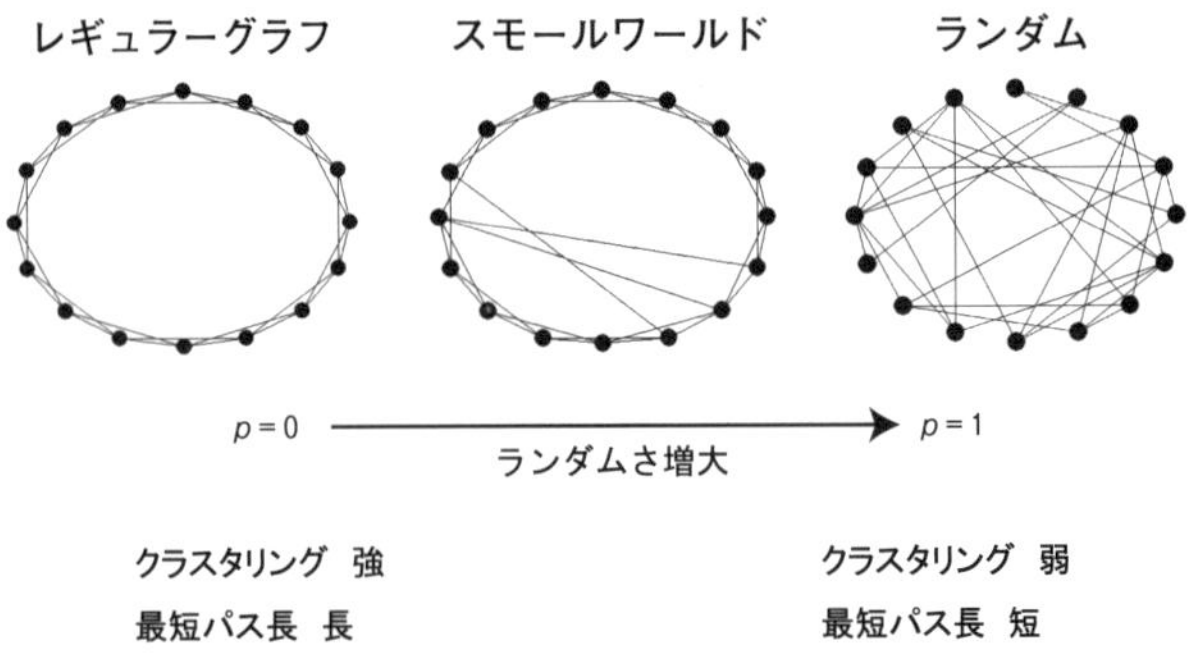

図23　スモールワールド実験（Watts & Strogatz, 1998, p. 440を参考に作図）
初期状態からランダムにした時の変化

ドが数百以上のネットワークでない限り、あまり有用な情報は得られません。

ネットワークをランダムにリワイヤリングするにしたがい、平均パス長は短くなっていきます。近傍との関係が切れて、とんでもないはるか彼方のノードつながりに架け替わりますから、クラスタリング係数も下がっていきます。二つの指標はともに下がっていくのですが、おもしろいことに、その減衰の速度が違うのです。

リワイヤリングを進めると、平均パス長はものすごく速く、短くなります。ちょっと架け替えが進むと平均距離は、いきなり短くなります。一方、クラスタリング係数の減り方はずっとゆっくりです。リワイヤリングが進んでもなかなか減らないのです。この二つの指標の変わりかたの違いが重要だったのです。

近傍と規則的につながっていたネットワークをランダム化していくとは、近隣とつながりあっていた橋をはずして、遠くのノードに高速道路として架け替えるようなものです。もちろん、高速道路はその近所の誰もが使えます。一本橋ができると、かなりたくさんの人がそれを利用して、遠くにいる人たちに結びつきやすくなります。遠くへ架かった一本の橋が皆の距離を短くする効果は絶大ですが、局所凝集性にはたいした影響はありません。

いわゆるスモールワールドは「知人の知人が知人である！」ことを知って仰天する現象ですが、これはネットワークの平均パス長が比較的短く、クラスタリング係数が高い状況で発生するというのが、彼らのシミュレーションの含意です。誰か遠くの人を一人知っている人がいれば、その人とのつながりによって、さもなければ縁がなかったであろう遠い世界の人との距離が圧倒的に短くなるのです。

知人に国際結婚をしていたり、海外に住んでいたりする人がいないでしょうか。誰か一人でも、海外に知人がいる場合、その人がその国の人々とこちらを結ぶ架け橋になってくれるので、その人を介して、膨大な数の人に、わずか2ステップで到達できるようになります。スモールワールドのシミュレーションが示唆するのはちょっとした関係の架け替えが、全体に大きな変化を及ぼすことでもあります。

4-3 ネットワークビジネス

ねずみ講という言葉を聞いたことがあると思います。講とはもともとは、相互扶助的な金融組合で、皆でお金を出し合って一定金額をプールし、メンバーのなかでお金が必要な人を一定のルールで選んで、お金を貸し出すしくみです。一方、ねずみ講は1970年代に多くの被害者が出ており、法律で取り締まられている行為です。

さらに最近では、**ネットワークビジネス**、あるいは**マルチレベルマーケティング**という言葉を見かけることがあると思います。[1] 特定の商品を友人や知人に紹介して、買ってもらい、あるいは、買ってもらうとともに友人や知人にも一緒に商品を販売する仲間になってもらって、商品販売のネットワークを拡大していく商売です。ネットワークビジネスは、ビジネスという目的をもった究極のネットワーク設計です。

この説明の時点で、人間関係の絡んだビジネスは何となくうさんくさいし、苦手だな、と思う人も多いかもしれません。いわゆる「マルチ商法」ないし「マルチまがい商法」といった言葉が浮かんだかたもいるでしょう。

また、ネットワークビジネスを「経済的交換と社会的交換を交錯させた社会的ネッ

[1] ネットワークビジネスやマルチレベルマーケティングという言葉は、比較的新しい言葉です。このビジネスを勧める業界誌や書籍も多々発売されており、それ自体は違法行為ではありませんが、警戒感を抱く人は少なくありません。

トワークの一例」とし、どちらとも違うメリットと強みがありつつ、危うさもあると指摘している研究もあります。すばらしく本質をついた表現で、その危うさについての具体的言及がないのが残念です[2]。

そもそも、ネットワークビジネス、マルチ商法、ねずみ講はどう違うのでしょうか。違法性はないのでしょうか。なぜ、私たちは、〝社会的関係を絡めた商売〟に対して警戒心を抱くのでしょうか。私は法律家ではないので、合法・違法を厳密に判断する立場ではありませんが、これらの区別と、そのメカニズムをあわせて説明してみたいと思います。

[2] 野中郁次郎・ネットワーク・ビジネス研究会（1999）『ネットワーク・ビジネスの研究』日経ＢＰ企画

マルチレベルマーケティング

ネットワークビジネスは、マルチレベルマーケティングとも言われる連鎖販売です。商品あるいはサービスの販売、斡旋、委託によって、加入している人が利益を得るしくみです。斡旋や委託をする際に、友人や知人を中心とした社会関係を使うのが特徴です。

ネットワークの参加者は消費者でもあり、販売者にもなります。ネットワークを使ってビジネスを拡大するので、フランチャイズチェーンと似ていると思う人がいるかもしれません[3]。

ネットワークビジネスでは、参加者は商品の自己消費、商品販売、新規ディストリ

[3] フランチャイズは、経営ノウハウや技術を提供する本部とその見返りに金を支払う加盟店が、契約によって結ばれた組織です。商品や原材料の提供、マニュアル、指導、本部の統制が強く、契約で自己の商号、商標などを使用させて同一性のイメージのもとに事業を行う権利を与え、指導もします。コンビニ店舗によく見られる経営形態です。

ビュータの勧誘・指導・後援の三つの役割が期待できるとされています。[4]
しくみとしては、
（1）最初に登録料を払うか特定の商品を購入して参加者（ディストリビュータなどと呼ばれます）の資格を得ます。
（2）そのうえで、自分が使う分の商品を購入します。
（3）原価で仕入れた商品を他人に紹介し、売上額に応じて支払いを受けます。
ここまでは小売業のように仕入れ値と小売価格の差額が収入です。次がネットワークビジネスの本質的な部分です。
（4）新たにビジネスに参加する人を勧誘します。
ここで、勧誘に成功すると、その人が商品を購入した金額と、その人が販売した合計額から一定の割合で、本部から支払いがなされるので儲けが出ます。最初に自分が勧誘してディストリビュータにした人を子会員とすると、子会員が勧誘した孫会員の商品購買と販売金額に対しても本部から支払いが出ます。

こういうしくみですから、自分の下の子会員、孫会員、ひ孫会員……と人数が増え、彼らの購買や販売活動が活発になればなるほど、自分への支払いが増えていくしくみです。[5]

さて、こうした販売のしくみは違法なのでしょうか。何が問題なのでしょうか。

[4] 野中他（1999）前掲書
ネットワークビジネスを、法令遵守を前提に好意的に描いているのが特徴です。参加者のアンケート調査の結果は読みでがあります。

[5] 必ずしも自分の下に何層も下位階層を作り続けていくわけではなく、途中の下位階層は規則的に並び変えたり、独立させたり、会社によって整理の方式があります。

ねずみ講

その前に、既に違法とされているねずみ講のしくみについて確認していきましょう。先にも書きましたが、まず、ねずみ講は法律で禁止された違法行為です。

ねずみ講の正式な名称は「無限連鎖講」です。ねずみ講では、商品が売られるということはなく、参加者には、商品を媒介としない金銭配当が与えられます。出資金から上位者が配当を受け取るのですが、問題なのは、ねずみ講は組織がお金だけを吸い上げる組織だということです。

「10万円出せば、１００万円にも１０００万円にもなる」などの非現実的な文句で被害者を勧誘しますが、実際には、末端の人は絶対に損をする、かつ、連鎖が必ず破綻するしくみです[6]。

模擬的に、ねずみ講のしくみを作ったのが図24です。

Aが10万円を出資、BとCにも同額出資させる、B、Cも二人ずつ出資者（D、E、F、G）を勧誘して同額出資させます。そしてこの四人もそれぞれ二人ずつ出資者を勧誘して同額を出資させます。すると、これでAを頂点として四層構造ができます。

一人が二人を誘えたと仮定すると、２の2乗、３乗、４乗と各段階で人数が増えます。段階ごとに1、2、4、8、16、32……ですから、合計人数は3、7、15、31……と拡大するはずです。合計出資金は、一段目10万

[6] １９７０年代に被害者が続出する事件があいつぎました。無限連鎖講防止法が１９７９年に成立して以降、禁止されています。

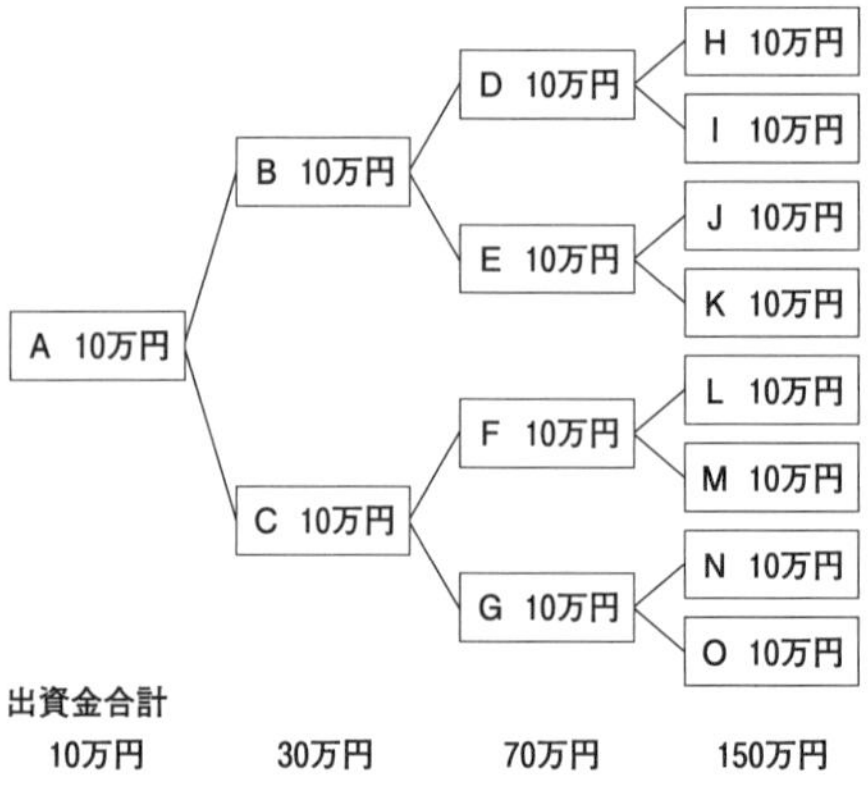

図24　一人が二人を勧誘する仮想ねずみ講モデル

円、二段目まで30万円、三段目まで70万円、四段目までを合計すると１５０万円です。

段階ごとにその出資金の10％を得るとすると、Ａさんは二段階まででは３万円、三段階まででは７万円、四段目では15万円が獲得できることになります。この段階を超えると出資金以上のお金が入ることになります。しかし、これは下位ランクの人たちの出資金の一部を上位ランクがもらうしくみですから、末端に居る人たちはけっして儲からないシステムです。自分が儲けを得るためには、さらに末端を作らなければなりません。

個人の持つ知人の数も、一番おおげさに潜在可能性をみつもっても日本の人口も、どちらも有限ですから、必ず誰かが儲けを得られる数の人を下にぶらさげられない状況に到達します。もちろん、原資は会員から出ているわけですから会員数が有限となった時点で、儲けが有限になり、誰かが必ず損をする、つまり、絶対に誰か被害者が出るしくみなのです。

〝ねずみ講は必ず被害者を生む。被害者数は、いつつぶれるかによる。早いほど少ない。〟被害者弁護に関わった人たちが繰り返し述べています。[7]

ここで、違法性はもちろん、ネットワーク研究者として見逃せないのが、この弁護団が強調した〝このシステムにおいては、被害者が加害者に転ずる。人間関係の破綻がもたらされる〟点です。

［7］マルチ訴訟弁護団（編）（1984）『マルチ商法と消費者保護』法律文化社

1970年代は、まだねずみ講やマルチ商法に対する厳しい監視や規制がなく、不当な勧誘行為、広告の規制や、書面交付や契約解除（クーリングオフ）がなかったため、強引な契約がなされたり、説明をうのみにして安易に参加する被害者などが多発していました。人間関係の破綻と、一家離散、自殺などといった被害も報告されています。[8]

マルチ商法と連鎖販売

さて、一方、ネットワークビジネスは、「商品」の販売が入るところがまず、ねずみ講とは違います。商品あるいはサービスの販売、斡旋、委託によって、加入している人が利益を得るので、お金だけを吸い上げるねずみ講とは異なります。斡旋や委託をする際に、友人や知人を中心としたネットワークを使いますから、人間関係を経済活動のインフラとしている点は共通です。

「マルチ商法」とは、いわゆる悪徳商法のことです。マルチ商法そのものは、商品の販売、斡旋、委託を人間関係を媒介に行うビジネスのうち違法行為がともなうものを指します。「マルチまがい商法」と言われるのは、その商売が悪徳なのかどうか判断しにくい状態の時に、マルチに似ているという意味で、「まがい」「もどき」と言われます。人を介して商売をする「連鎖販売」それ自体は違法ではありません。規制はありますが、他者の家を訪問して商品を知人に販売したり、知人を販売員に勧誘する

[8] 坂口義弘（1993）『実名で告発！ 疑惑のマルチ訪販リスト』あっぷる出版社
なお、この著者はネットワークビジネスの大手A社に名誉毀損等で訴えられました。

こと自体は問題はないのです。

ただし、「億万長者が出るシステムだから」とか「必ず儲かる」と言って勧誘する、非現実的な可能性を展開したり、虚偽の説明を行う、紙面による契約をしない、クーリングオフ制度を設けない、勧誘に際し、長時間の拘束や心理的圧力をかけるといったことは違法です。このような誇大ないし信憑性に欠ける話をするのは問題外です。メンバーへの加入とメンバーシップ維持のための費用の多寡も制約がかかっており、高すぎる場合にはマルチ商法とみなされます。販売で一定以上の利益を得ることが確実であると誤解されるような説明をする、脅迫行為を交えた勧誘をする、事実を隠す、告げないなども違法行為です。

人間関係を媒介としたビジネスが、「マルチ商法」あるいは「マルチ商法まがい」ではないかと疑われ、警戒されるのは、こうした極端な違法行為をした企業が少なからずあったためです。現在でも、類似の行為をする企業がないとは限りません。

実は、「商品あるいはサービスの販売、斡旋、委託によって、加入している人が利益を得るしくみ」と、「斡旋や委託をする際に、友人や知人を中心とした社会関係を使うこと」自体は違法ではありません。これは「連鎖販売取引」と言われます[9]。

連鎖販売取引は法律で禁止されているわけではなく、規制がされているだけですので、法律を守っている限り、違法行為ではありません。ですから現在でもネットワークビジネスを営む企業が、日本にも多数存在します[10]。

[9] 連鎖販売取引とは「特定利益を収受しえることをもって誘引した者と特定負担をすることを条件になされる商品の販売取引のこと」です。

[10] 日本アムウェイやシャルレ、ニュースキンなどが典型です。

マルチ商法のイメージがあまりに悪いため、マルチレベルマーケティングないしネットワークマーケティングといった言葉が使われるようになったのですが、どれが良質な連鎖販売で、どれがいわゆる悪質な「マルチ商法」なのかの厳密な判断は、大変に難しいものです。法律的にも現実的には決め手はなく、業者の良心に任されており、商品を媒介とした金銭配当組織で、消費者問題を起こすとマルチ商法とみなされ、問題を起こさなければ良い程度のややグレーな状態のようです[11]。

法律論はここまでにして、以下、パーソナルネットワーク研究者として、これを考えてみましょう。

[11] 藏廣一（2002）『マルチレベル・マーケティングの仕組み』東洋経済新報社

勧誘リストのバラエティ

ネットワークビジネスにとっての潜在的市場は、友人と知人です。身の回りの人々こそが資源になるわけですから、ネットワークビジネスの業者は、積極的な勧誘を勧めます。そのための「勧誘リスト」として、〝あなたと顔見知りの人をすべて思い浮かべましょう。〟という質問のもとに、表6のような人々をリストアップした表が提案されています[12]。

この表を見せられたら、いったい何人の人を連想できるでしょうか。最後の「未知の人」や「これから出会う可能性のある人」はさておき、「思いつく限り友達の名前をあげてください」といったヒントのない質問では絶対に想起しえないような人たち

[12] 桜庭修（2007）〝今日から始めるネットワークビジネス—100人のネームリストを作ろう〟月刊ネットワークビジネス2007年5月号、pp. 72-73.

表6　ネットワークビジネスの勧誘リスト—知人の知人、未知の人々（桜庭, 2007より）[12]

(1) 親戚関係：祖父母、両親、叔父叔母、兄弟、いとこ、子、孫
(2) 同級生・おさななじみ：幼稚園、小学校、中学校、高校、大学のクラスメイトやクラブ仲間
(3) 職場：上司、部下、同僚、アルバイト、パート、清掃係の人、ビルの管理人、ガードマン、駐車場の管理人、同じビルの他の会社の人、売店や食堂のおじちゃん・おばちゃん、出入りの業者、取引先
(4) グループ・組合・サークル：同業者協会、会議所、お寺、教会、ライオンズクラブ、ロータリークラブ、PTA, ゴルフ仲間、テニス仲間、水泳、ダンス、フィットネス、茶道、華道、料理教室、着付け、麻雀、囲碁、将棋
(5) 近所（商店街）：お隣さん、町内会、子供の友人の親、魚屋、米屋、スーパー、酒屋、肉屋、洋服屋、時計屋、八百屋、靴屋、自転車屋、自動車関係、修理屋、食堂、レストラン、すしや、スナック、クラブ、不動産、工務店、病院、薬局、写真屋、新聞販売店、釣具屋、花屋、床屋、美容院、役所、ボウリング場、たばこ屋、金物屋、印刷屋、旅館、ホテル、旅行代理店、電気屋、ビデオレンタル、文具修理店、スタンド、喫茶店、パン屋、ペットショップ、弁理士、税理士事務所、ホームセンター、ガラス屋、化粧品店、パソコンショップ、携帯電話販売店、タクシー、銭湯、サウナ
(6) 家に来る人：クリーニング、NHK、電気、ガス、水道、保険屋、回覧板をもってくる人、マッサージ、宅配便、引越屋、出前、呉服、ヤクルトおばさん、セールスマン
(7) 少しだけ知っている人：あいさつだけする人、バス停でよく一緒になる人、通勤電車でよく見かける人、犬の散歩でよく会う人、スーパーでよく会う人
(8) その他：年賀状・暑中見舞・お歳暮やお中元をくれた人全員、電車でよく会う人、飛行機でとなりに乗った人、フライトアテンダント、バスガイド
(9) その他のその他：あなたの前を歩いている人、あなたがこれから会う人全員

[13] この勧誘リストおよびマルチ商法拡散について注意を喚起してくれたのは小町由香里（2008）〝頼母子講との比較による無限連鎖・連鎖販売取引の問題点〟第81回日本社会学会一般研究報告、です。

が浮かび上がってくることでしょう。

それにしても網羅的なリストです。根気と時間はかかりますが、知人推定調査で、これをもとに知人の名前を列挙してもらえば、有用なデータがとれるかもしれません。

この販路とも自分にとっての営業マンとも言える知人リストは、しかし、はたして、ネットワークビジネスの経営者の言うような利益を、もたらしてくれるのでしょうか。

ネットワークビジネスの拡大報酬プランのメカニズムには、ステアステップ・ブレイクアウェイ・ユニレベル・バイナリ・マトリックス・ワンナリ・ハイブリッド他＋付帯条件、といったいくつかの有名な方式があります。このようなリストを活用し、知人、友人を次々と勧誘していくことで、ネットワークを自分の傘下におき、販売網として育てていくわけです[14]。

ネットワークビジネスのテキスト本では、二段目、三段目の育成を強調します。これはちまたによくある人脈本でも多々見られることですし、リーダーシップ論でも展開されていることはすでに紹介したとおりです。直接の知人数、友人数には限界がありますから、知人の知人、友人の友人を使って間接的に拡大させていこうという戦略です。これはネットワークの生成原理から言っても、急速にネットワークを拡大するために正しい戦略です。

[14] 実際の商品を売るにあたっては、その販売網をフランチャイズとするか、愛用者活用方式とするかの二種類があると言われています。

自分の知人・友人数には限界があります。かりに知り合いをすべて勧誘し、一部が成功、一部が失敗に終わったとしても必ず、限界がきます。

先のようなリストを使い、勧誘すべき友人、知人が枯渇しても、ネットワークを拡大する必要がまだある場合には、何が起こるのでしょうか。

「ネットワークビジネスを経験している人ならおわかりでしょうが、新しいメンバーを一人探し出すのは大変な苦労をともなうものです。多くの人は最初に家族や友人・知人に声をかけたら、それ以外の人をメンバーに勧誘するのに、たとえばカルチャースクールやスポーツジムに通って新しい友人を作ったり、何十年もあっていない同級生に連絡したり、実に涙ぐましい努力を続けているものです[15]」。

ネットワークビジネスのリクルーティング支援ビジネスをしている人の記述です。このような接触をしてくるメンバーの人と出会った経験をもつ人もいるかもしれません。

[15] 奥村ますみ（1998）『3000人のネットワークづくりが必ずできる！』二期出版 p. 147.

社会的交換関係と経済的交換関係

研究者としては、個人が勧誘できる対象は有限であり、無限に自分のビジネスを大きくしようとするならば、いつか必ず、それも遠からず、ビジネスのために新しい関係を探し、作り続けなければならないと断言します。そして、最初からビジネス目的を前提として作られる関係からは、ビジネスを離れた友情や信頼といった社会的な関係が育ちにくいことも指摘しておきます。社会的な関係に経済的な関係を持ち込めば、前者はたいてい壊れるか弱るかします。

たとえ違法性がなくとも、相手の商売人としての能力、自立性、やる気の有無にかかわらず、とにかく人を商売に勧誘することは、人間関係に悪影響を与えます。何か訪問販売をやってみたいと思っていた人や、特定の商品の価値に心から賛同できる人もいるかもしれませんが、その確率は大変に低いのです。自分が販売する商品やサービスを誰もが好んで購入し、さらには販売にも関与したくなるはずだという前提は、きわめて弱い前提です。

勧誘したメンバーの活動によって利益が発生する、すなわち、最初から、自己に利益が発生するメカニズムを、それまでに存在した、あるいはそのために作った新しい関係に埋め込もうとすることが、その関係を変質させ、壊してしまう可能性をはらんでいます。その可能性は、「特定の商品の価値に心から賛同し、それを販売してみたいと思い」かつ「その活動では勧誘した上位者にも金銭的メリットが発生することを良しとする」人のいる確率よりもはるかに高いはずです。

成人で判断力のある当事者が納得しているのであれば、個人が加入するのを私がとめる権利はもちろんありません。すでに関与している人々の活動をとめる気もありません。しかし、私自身は関与したくないうえ、家族あるいは学生さんに相談されたのであれば、参加について考え直すように意見は述べます。

なぜならば、このビジネスは、単なる商品の紹介、購買への意志決定への関与にとどまらず、自分の経済的利益を前提とした商売への（当面、商売人として自立する気持ちのない状態にある）他人の勧誘行為を繰り返さざるをえないし、その拡大志向には限りがないからです。ネットワークビジネスと呼ぼうが、マルチレベルマーケティングと呼ぼうが、このしくみは、プライベートな人間関係を壊す可能性が高すぎます。既存の関係を使わないとしても、この目的に特化した関係を望んでいる人に会える可能性はきわめて少なく、そのための時間的、人的コストは膨大です。

革新的なビジネスは理解されないものであり、ネットワークビジネスは合法的にルールを守り、人々に理解されるよう発展すべきだとする考えかたもあり、人間関係を破壊するビジネスであるならば破綻するはずだと、野中らは楽観視していますが[16]、私は疑問に思います。

人々は特定の商品にも販促活動にも関与せず、それで満足しており、それらなしに充足しています。人々を、きわめて限定された機能を備えた紐帯の、無限の拡大活動に駆り立てるようなことには、どうしても積極的になりえません。本当にきわめてわずかなパーセントで、特定の商品のネットワークビジネスに参加したい人がいる可能性は否定しません。が、その人に出会うまでの活動で、それ以前のパーソナルネットワークや周囲の人間関係が壊れていく可能性が高すぎます。

ほとんどの人々は、ネットワークビジネスに興味はなく、勧誘の時点で、過去の事

[16] 野中郁次郎、ネットワーク・ビジネス研究会（1999）前掲書

例や「マルチ」といった言葉を思い出し、勧誘する人に対する警戒心を抱きます。勧誘された側にも利益が発生する可能性こそあったとしても、自らの経済的利益を前提に、商品購買や販売活動への参加を勧誘する人に対しては、本当はそういったものをすべて抜きに、ピュアな友情や愛情、信頼や共感でつながりたかった人たちは失望し、自分の関係の価値について非常に悲しい思いをするものです。勧誘者のことを、経済的な動機抜きに好きであればあるほど、その思いは強く、悲しみは深くなります。社会的関係に経済的な関係を交錯させると、前者は変質してしまうのです。

なお、日本の伝統とも言える、茶道や華道の家元制度は、もちろん合法的ですが、人間関係のつらなりかただけ見れば立派なネットワーク構造です。茶道を趣味とする人は210万人、華道は290万人とも言われています。[17] 華道の池坊にいたっては約10万人の組織であり、その組織力は国会議員をも輩出するほどです。パーソナルネットワークというものは、ニーズのないところに拡大しにいくよりも、茶の味なり、花の形なりが黙しつつ引き寄せる、あるいは、自ずと人が集まってできあがるほうが美しいように思えます。既存の社会関係を継続したければ、経済関係をもちこむのは慎重にすべきです。

［17］総務省（2011）『社会生活基本調査』総務省

4-4 孤独

〝一人で死ぬのは良いが腐乱死体で発見されるのは誰しも嫌なものである。死後三日以内に発見されたかったら、「新聞を取る」か「給食サービスを利用する」のが良い。〟ある人生のノウハウ本の記述です[1]。現代日本におけるパーソナルネットワークの弱さを象徴するような内容です。

パーソナルネットワークの最期、つまり自分の死をとりまくネットワークのありかたは、誰もがいつかは直面する課題です。実際に直面することこそありませんが、これをよく事前に設計できるものならばしておきたいという思いは、多くの人にあるでしょう。

この節はパーソナルネットワークのうちでも、「死」と「孤立」という二つの極端な状況を取り上げます。そのため、これまでの節のような分析的思考ではなく、社会的な制度や支援のしくみについての考察が主になります。

2010年に発覚した、年金への経済的依存のため、死亡報告を出さずに親の遺体とともに暮らしていた事件がきっかけとなって、所在不明の高齢者や孤立老人の存在

[1] 松原惇子（2010）『おひとり死』河出書房新社
〝死後三日以内に発見してもらうためには〟のなかで書かれているノウハウです。三日程度で、不在が不在として認識される人間関係の構築さえ難しくなっている高齢者の現状がかいまみえます。

が社会的な注目を集めました。全国で、住民票や戸籍の不備などの理由で、120歳以上など非現実的な年齢の高齢者が多数生存しているという記録の不備も見つかりました。NHKの調査では、3万2千人という無縁死の数が報告されています。[2] 膨大な数です。

図25は、この原稿を書いた日とその前日の官報です。両日ともに一名ずつ行旅死亡人が掲載されていました。行旅死亡人の出ている官報を探すまでもありませんでした。公的に死亡が確認されていない人たちのニュースに驚くのは、公的記録の整備不良はそれとしても、他者にみとられることも、死亡届を出してくれる人もなく、一人で人生を終える「孤立死」を遂げる人が少なからずいるという事実のためでしょう。

「無縁社会」という、定義矛盾のような言葉もインパクトを与えました。無縁者とは、家族や地域、仕事などを介した他人とのつながりをもたない人を指します。無縁社会とは無縁者の多い社会です。社会とは抽象的な概念ですが、「人間結合ないし生活の共同一般」を指します。[3] 他者とのつながりのない社会とは、定義矛盾に他なりませんが、官報に掲載される「行旅死亡人」として、名前さえわからないまま葬られている身元不明の人々の存在は、定義矛盾そのもののこの言葉を人々にいともたやすく受容させせました。

伝統的には人の「死」を公的にまっとうする役割は、家族という親族関係者が担ってきました。しかしながら、家族とつながりが切れ、それに代わる他者ももたない

［2］NHK「無縁社会プロジェクト」取材班（編）（2010）『無縁社会』文藝春秋
〝NHK「無縁社会」三万二千人「死の記録」全公開〟NHK報道局取材班、文藝春秋11月号など

［3］『社会学事典』p. 244.

［4］チャールス・クーリー／大橋幸・菊池美代志（訳）（1970）『社会組織論』青木書店

人々の存在に光があてられたのです。

第一次集団とは、直接、親密な関わりがあり、連帯感や一体感を維持しつつ、道徳意識や規範を形作ってくれる、個々人に重要な人々の集団を指す、クーリー[4]が作った概念です。家族が第一次集団の代表的なものです。一方、学校や会社、国家などのように、何らかの利害関係に基づいて意識的な参加によって人々が接触するような集団を**第二次集団**と言います。現代社会では第一次集団の機能は衰え、相対的に第二次集団の果たす機能が高まっています。

両親に虐待された子どもが成人後に児童虐待をしたり、孫の面倒をみない老人が家庭で介護してもらえない孤立老人となったり、協力者もないなか、過大な責任に耐えきれず育児から母親が逃避したり、いじめと孤立を恐れるあまりに、いじめのスケープゴートを発生させたり、社会関係の悪循環とも言えるような悲しい事件が多々生じています。自殺者数も年間3万人以上の高い値で推移しています。

現代社会では、家族や隣人の機能の衰えを典型とする第一次集団のほつれがあり、反対の極には、いじめや過労死の原因でもある、第二次集団のなかでの強い同調圧力が存在しています。私たち社会学者は、膨大な数の調査を実施し、研究を重ね、多くの言論を発してきましたが、現実社会の

行旅死亡人

本籍・住所・氏名・生年月日は不詳、性別は男性、体格は中等度、死因不明、所持金品なし

上記の者は、平成22年8月6日午後4時ころ、日野市百草1245番地先多摩川多目的広場（多摩川百草ふれあい広場）北方河川内にて全裸の状態で発見された。刺傷等の外傷は認められない。死亡推定は発見時を起点として1ヶ月以上前である。

警察による検視の後、遺体は火葬し、遺骨は市営墓地に保管してあります。心当たりの方は、当市健康福祉部生活福祉課生活援護係まで申し出てください。

平成22年11月18日

東京都　　日野市長　馬場　弘融

行旅死亡人

本籍・住所・氏名・年齢・性別・身長不詳、着衣は、紺色長袖シャツ、黒色ジャンパー、メガネを着用、現金12円を所持

上記の者は、平成22年6月11日午後4時頃、鳥取県西伯郡伯耆町岩立の空き家で白骨化しているところを発見されました。死亡年月日は、不明です。身元不明のため、遺体は火葬に付し、遺骨を保管していますので心当たりの方は、伯耆町総合福祉課まで申し出てください。

平成22年11月17日

鳥取県　　伯耆町長　森安　保

図25　行旅死亡人を知らせる官報

問題に対して、どれほどの力があったのでしょうか。私たち研究者の役目は、現場の実践者でも運動家でもないと考える人もいると思います。とはいえ、私は、あまりにも、現実社会とその問題に対して、社会学者が無力すぎる気がしています。

思索と言論、分析と研究が、実社会の問題解決と、より良い制度の設計、あるいは目の前の一人の悲しみや苦しみを解決する、そういう力をもった、学問と実践のありかたを模索すべきだと現在は思っています。

一つの例として、孤立者について考えてみましょう。

孤独とはパーソナルネットワークの対極にあり、ネットワークとは無関係に思えるかもしれません。グラフ理論で言えば「孤立点」であり、ネットワークのなかで誰ともつながることなく、一つだけ離れた点です。

孤立者には、仲間はずれ、ひきこもり、せいぜい隠遁者といったネガティブなイメージがつきまといます。中高生はもちろん大学生になっても、孤立を恐れるあまり、自分の言動を決める際に友達の反応を過剰に意識する人は少なくありません。多くの人にとって「孤立は孤独」であり、「孤独」は望ましくないことのようです。[5]

国家、自治体や地域はおろか、学校や会社など大きな共同体への帰属意識が弱まる一方で、身近な仲間や集団の一部であることで、安心と安全を獲得するわけです。

その一方で、現代社会では少なからぬ数の人々が、ひきこもりと言われる状態にあり、そのことで、本人、家族をはじめとする周囲の人々の心を痛めています。

[5]「独りで食事をするところを他人に見られたくないがために、トイレで食事をする若者がいる」といった都市伝説があるくらいです。またしても悪魔の証明が求められますが、この言説は、想像されるイメージがあまりに強烈なせいか、マスコミが好きこのんで話題に取り上げます。が、私自身は「都市伝説」にすぎないと思っています。ただ、「さもありなん！」と思わされるくらい、「孤立と、孤立していると他者に思われること」がイヤだと思う学生の割合は確実に増えています。

ひきこもりとは、家族以外の他者との交流が長期にわたって失われている状態です。[6] 青年期という制約をつけたり、社会活動に長期間参加していないことを明示したり、定義は多々あります。いずれも、対人関係から長期的に離れている状態を基本としていることは共通しています。その数は、内閣府により70万人とも推定されていますが、行動が目に見えない存在だけに、推定の精度にも限界があります。

共同体への帰属意識はなく、その一方で孤立を過度に恐れる傾向が若い人々に強まっています。同時に、社会関係を限りなく絶って暮らしているひきこもりと呼ばれる人々も増加しています。この同時進行は何をもたらすのでしょうか。

人々が孤立を恐れる社会では、同調圧力が強くなります。同調圧力の強い集団は、変わり者や異端者に対する寛容性が低く、集団によるスケープゴートや魔女狩りを生み出しやすくなります。共感できない人との共存能力が下がるのです。

私が、社会関係の重要性を説く一方で、自立の意義を説く理由はここにあります。自立と孤立は違います。自立している人を、孤立者とみなしてはいけないのです。むやみに孤立におちいる必要はありませんが、孤立したとしてもそれを恐れないでください。孤立を恐れる心こそが、他者による言動操作や介入を許してしまうのです。そして変わった人や異端者にも寛容であってください。孤立者に対しても、仲間にひきこもうとするのではなく、そのままの存在を異端とみなさず、受容してください。自立して、他者を必要としていない人を孤立させないことが重要なのです。

[6] 斎藤環（2010）『ひきこもりから見た未来』毎日新聞社

朝日新聞　2011年２月18日　©いしいひさいち　許可を得て掲載。
見事な相互理解の一例です。

ソーシャルキャピタルの概念が日本でも注目されてから相当な時間がたっていますが、地域社会のつながりの再生はなかなか進みません。その価値観は共有せずとも他者を理解し、共存することは可能なはずです。価値観の異なる人々を橋渡しし、共生していくためのしくみ作りこそ、無縁社会と言われる現代の、社会学者の使命ではないでしょうか。私たちの周囲で、「ソーシャルキャピタルの減衰が唱えられ、その反省をふまえて」社会的関係が豊かになったという話はほとんど聞きません。新聞の投書などでは、電車で席を譲られた、あるいは、観光客が地元の人にあたたかく迎えられた、嬉しかったといった類の話が美談として語られることはあります。が、ささやかな行為がこれほど喜ばれること自体が、他者（とりわけ若い人）との関わりに人々が期待をもたなくなっている、ソーシャルキャピタルが減衰していることの証左であったりします。災害を契機に絆の再評価もおこっています。

私たちが習わなければいけないのは、他者をいかに資本（キャピタル）として上手に使うかではなく、他者への上手な依存のしかたではないでしょうか。獲得すべきは、人脈の名のもとに他者を活用して利益を得る力ではなく、相手に負担を強いることなく上手に手をさしのべる力であり、過剰な要求や責任をおしつけることなくして、甘えすぎることなく力を借りる、そのバランス感覚だと思います。

現代日本社会で私たちが学ぶべきなのは公的機関に依存することでも、他者を戦略的に活用して人脈のベネフィットを最大化することでもなく、他者への上手な依存と、要求や矯正をともなわない柔らかな関与でしょう。2-1項で紹介した、遠慮がちなソーシャルキャピタルは、その一つの可能性を示唆しています。

自立・孤立・孤独――メイ・サートン

アメリカの詩人、メイ・サートンの『独り居の日記』は、長年、住んでいた土地を離れ、知人も友人もいないニューハンプシャーに転居した彼女が、庭造りを楽しみつつ創作に邁進し、土地の人々と関わりその地に定着していく、孤独でありながらも誇り高い生活を描いた名著です。[7]

家族もなく物理的には孤立した生活ですが、彼女は孤独であったでしょうか。

彼女は、リルケの言う「親しい人の間の無限の距離」について論じています。

[7] メイ・サートン（1912-1994）
アメリカの詩人・小説家。ベルギー生まれ。劇団員などを経て詩人、自己と経験を磨きあげたような詩や小説を書きます。
メイ・サートン／武田尚子（1991）『独り居の日記』みすず書房

「親しい人の間には無限の距離がある」という考えかたは、親しい関係の紐帯力は強いと考える、ネットワーク分析とはやや相容れません。むしろ伸縮自在に、必要な時には寄り添い、不要な時には距離をおくといった伸縮自在な関係こそが「無限の距離」とされています。

他者から、固定的に一定の距離をおかれ、そこから相手に近寄らせてもらえない状態であるならば、その孤立は孤独をもたらすでしょう。ですが、一方で、他者との間に伸縮自在な、状況に応じた距離を設定しうる時には、関係が存在しない時間がある程度続くことも考慮にいれても、「孤立＝孤独」というわけではありません。

彼女の生活の基礎には「自立」があります。そのうえで、精神的な「孤独さ」をいさぎよく引き受けています。周囲に人間が多数いるなかで感じる孤独のほうが、物理的に他人がいない「孤立」よりは辛いこともあります。

ネットワークに孤立点を描く時に、我々はポンっとノードを一つ遠くに離して描き、それで満足しがちです。ただ、その孤立にいかなる意味があるのか、それは過渡的な状態であるのか、そして主体者の選択によるのか、周囲により強制されたものなのか。その意味はまったく異なります。

自立はしていても孤独ではないのか、自立していて孤独であるのか、充足しているのか、関係を希求しているのか、その状態の識別ができてこそ、「親しい人」たりうるのかもしれません。

そして同時に、自分と他者との間に、双方にとって「望ましい距離」をおくことは至難の業です。相思相愛、醒めかかった恋愛関係、片思い、無関心からストーカーまで、自分と他者との距離は、一方で簡単に決められるものではありません。関係の距離とは、自他相互の認識と意志に基づいて、その持ち主である両者が定義するものです。その距離は、相手が一定であっても、時により日により、あるいは体調や状況といった外的要因によっても変わりえます。両者に合意が成立しない場合も多々あるものです。

重要なのは、無縁者を出さないような弱い関わりをはりめぐらせつつ、同調圧力の強すぎない社会的なつながりかたの模索ではないでしょうか。

他者との間に無限の距離をもち、自他の関係を伸縮自在にしておくには、自分の側に確固たる「独りでもたてる、他者を必要としすぎない」という基盤が要求されます。関係の適切な設計能力には、孤立をも引き受ける自己の基盤、他者との間に良き関係を築く意志、そして他者の状態への理解が必要なのです。そして、最後の他者の状態とは、自分と相手以外の、第三者の登場や喪失によって、瞬時に変わりうるものなのです。

パーソナルネットワークに最適はあるか

それでは、パーソナルネットワークに最適はあるのでしょうか。最適とは、与えられた一定の目的に対して、統制しうる要素を一番目的合理的に設計した状態のことです。私たちの日常生活において、人間関係の最適化は可能なのでしょうか。

残念ながら、現在はまだ、誰にでもあてはまる、ベストのパーソナルネットワークのありかたは提案できません。残念ですが、これがベスト、最高であるといったモデルがあるわけではないのです。幸せな家庭であれば、自分と両親、祖父と祖母が二人ずつ、兄弟、そして叔父、叔母、いとこ数名といった構造が描けるかもしれませんが、これとて必ずしもネットワークの最適状態を保証するわけではありません。もっと複雑な家庭環境にある幸せもあれば、家系図的にシンプルな家庭にも不幸は生じえます。もっとも、恋愛の三角関係や、頼れる人のいない完全なる孤立などは、その定義上、幸せなネットワークの型でないことも確かです。

パーソナルネットワークの最適は無いとは言いましたが、それでも目的がはっきりしている場合には、打つ手はあります。組織改善のコンサルテーションなどが、その良い例ですが、特定環境下の特定の人のモチベーションや行動パターン、それにともなう成果などを変容させたい場合には、パーソナルネットワークのいくつかの点をチェックし、構造を変えられるところから変えていくわけです。日常生活や、人々の心の安定といった、まさに人間の生活そのもののために最適なネットワークというものはありませんが、人々をつないでみることはできます。

病には医者が、法的トラブルには弁護士が、傷心の時には友人が必要なように、私たちは自分が欠乏を体感して初めて、他者の必要を感じ、助けを求める手を他者へさしのべられるようになるものです。

地縁、血縁、職、趣味、共通性を軸に人をつなげるしくみを徹底的に考えていく必要があるでしょう。[8] おそらく今一番急務であるのは、血縁に依存しないサポートシステムの構築です。いかなる社会保障制度も、人間関係なしでは機能しません。どれほど一人で独立して生をまっとうしたとしても、極端な話、「自分で遺骨は墓に運べない」という笑うに笑えない本の見出しのような最後になりかねません。

高齢をも含めて単身あるいは母子ないし父子家庭のような家庭内のソーシャルキャピタルが少ない人々を支えるための人間関係のありかたを、社会保障制度だけではなく考えていくべきでしょう。スケールフリー法則のもと、何もしないで放置しておけば人間関係は集まるところには集まり、ほつれ、途切れるところからはどんどん失われていきます。それを止められるのは、人為的な努力だけです。

つながりにくい人の属性——補うべき関係、他者を必要とする関係——の発見と再構築は長らくサポートネットワーク研究の課題でした。現代社会はそれに加えて、適切な役割を時には代行し助ける役割支援、必要な情報を与える情報支援、経済的あるいは精神的支援などの与えかたとありどころの解明をも、パーソナネットワーク研究が立ち向かう課題としています。

支援の手のさしのべ方、適切な受援のしかたは、遠慮深い日本人にとっては難題で

[8] 金子郁容・玉村雅敏・宮垣元（編著）(2009)『コミュニティ科学』勁草書房

す。災害時に限らず、災害後の平時においても、弱い紐帯の潜在的な力を私たちが意識的に活用し続けられるかが問われています。

4-5

関係のアフォーダンス

つながりを可能にするもの

アフォーダンスとは「行為を可能にするもの」のことです。アフォーダンスの考えかたには、パーソナルネットワークの設計についての示唆が含まれているように思えるので、あえてここで紹介したいと思います[1]。

普通、私たちは、誰かにある種の行動をとらせたり、あるものを認知させるためには、何らかの仕掛けや工夫をします。小さな子どもが親に何かを買わせるために、お店で泣きわめいてみたり、女子高校生が男子生徒の関心をひくためにちょっと目立つ格好をしてみたり、と、それなりに相手に合わせたわかりやすいサインを人間は出すものです。

ところがギブソン[2]という知覚研究者は、環境に存在する「もの」が、特定の生物にある種の行動や認知をとらせるというおもしろい考えかたを提唱しました。何をもとに関係の存在を認めるのでしょうか、何の存在が関係の有無を示唆するのでしょうか、あるいは、関係の形成が求められていること、忌避されていることを示唆するのでしょうか。アフォーダンスを関係に応用するとこんな疑問がわきます。

[1] アフォーダンスについては、佐々木正人・三嶋博之（編著）(2001)『アフォーダンスと行為』金子書房
佐々木正人・三嶋博之（編訳）(2005)『生態心理学の構想――アフォーダンスのルーツと尖端』東京大学出版会
がわかりやすく解説をしています。

[2] ジェームズ・ギブソン／境敦史・河野哲也（訳）(2004)『直接知覚論の根拠』勁草書房

可能ならしめるもの

ギブソンの論理では、水のなかには何か「泳ぐことを可能にさせるもの」があるから魚は水中を泳ぎ、空気のなかには飛行を可能にする何らかのものがあるから鳥は空を飛び、私たち人間が歩くことを可能にさせる何らかのものが地面にあるからこそ、私たちは地面を歩くことになります。魚や鳥や人間は、それぞれの行動を可能にしてくれるものが環境にあるからこそ、泳いだり飛んだり走ったりするというわけです[3]。

携帯電話とスマートフォンを例にすると、よりわかりやすいかもしれません。具体的な商品名でもうしわけないのですが、iPod や iPhone を思い出してみてください。これらほど普及はしていませんが iPad を店頭で触ってみたかたもいるかもしれません。iPod や iPhone を買っても、使い方についての詳しい解説書はついてきません。ネット上には詳しい製品情報やヘルプ情報がありますが、実際のユーザーは、ネットで逐一情報を調べて使い方を学んだりはしません。何となく直感的に、あれこれ触っているうちに、起動や入力、アプリケーションの使い方を覚えてしまいます。解説書がなくとも、何となくこのあたりを押せば電源が入る、このアイコンをたたけばアプリケーションが起動する、こんなふうに動かすと画面が上下したり伸縮するということがわかってきます。ただ製品を見ているだけで、この真中のボタンを押してみたいとか、このアイコンを指で動かしてみたいと思わせるデザインになっています。

従来、私たちが購入してきた携帯電話、コンピュータやプリンタなどもそうです

[3] 人間の意志や行動の自己決定とはかけ離れた考えかたなので、どうも納得がいかない、新しい宗教か何かか、と思われたかたもいるかもしれません。

が、多くの電子機器には分厚いマニュアルがついており、マニュアルと首っ引きでパーツを確認し、さまざまな設定をして、操作を習得していくのが普通でした。ところが、アップル社の多くの製品は、ユーザーがマニュアルを見なくとも、自然に商品に触れているうちに操作を可能にならしめる巧みな設計がされています。

ただこれは、ユーザーに使いやすく、見た目でわかりやすいというだけではありません。ボタンがあれば押したくなり、ホイールがあればぐるぐる回したくなる、そういった知覚レベルに訴えかけ、無意識の人間の行動を誘発するしかけ、それがアフォーダンスです。水たまりがあれば、小学生はバシャバシャ跳ね返したくなり、霜柱があればちゃんとふみつぶし、氷が張っていたらつま先で割ってみたくなります。

美しくしつらえられたリゾート施設に宿泊していると、どんなにいそがしく気ぜわしい性質の人でも、慌ただしく新聞やテレビニュースを見たり、歩行速度の遅い人にいらだったりしなくなります。最高の贅をもって整えられた老舗旅館では、外国のかたでもすだれ越しの光を楽しみ、檜の浴槽に肩までゆっくりつかり、床の間の花生けを自然に座卓から見つめ、手水場の水で手を清めます。床の間に素足であがったり、手水場鉢の水を飲んだりなど、およそ宿の主人としつらいの意図に反する行動が自然に規制されます。文化的背景が異なる人々さえ、その行動が自然と「日本的」になる、そういったものいわぬ仕掛けが随所に充ち満ちている老舗旅館もあれば、浴衣でスリッパ卓球にいそしみ、酒を飲んでカラオケを歌いたくなるような旅館もあるものです。営業方針は事物にあらわれ、環境にうつります。そして、それは、特定の行為をアフォードします。

デザインとアフォーダンス

人工物に「ある種の行動を誘発し、可能にならしめるような」しかけをデザインする。思わず座りたくなるような公園のベンチ、手にとった瞬間にほおずりしたくなるような柔らかなタオル、履いた瞬間に走り出したくなるようなランニングシューズ。身体感覚に訴え、行動や認知を誘発する何か。工学者やデザイナーに多大な影響を与えたのが、このギブソンのアフォーダンスという概念でした[4]。

アフォーダンスの概念は認知科学、製品や環境デザイン、人工知能やロボットの研究など、幅広い領域に影響を与えましたが、ここでは関係のアフォーダンスについて考えてみましょう。

アフォーダンスは「何らかの認知や行為を可能にならしめる」ものですから、パーソナルネットワークで言えば、それによって生まれる関係は、理性的な判断や思考の結果ではありません。演繹も帰納も論理的必然をも要求しない、直感が導く行為や認知です。

人間関係で言えば、「この人によく尽くせば出世できるかもしれない」「この人を味方につければ得だ」といった打算による関係には、アフォーダンスの出てくる余地は

[4] 英語の afford は「〜を可能にする」という動詞です。

ありません。

デパートで一人、泣き叫んでいる子ども、横断歩道でおぼつかなげな足取りの老人、切符の自販機の前でまごまごしている外国人、などを見かけたら、思わず声をかけたくなるでしょう。また、家族や同僚が朝から一言も口をきかず、元気がなくても同じだと思います。他人の様子が、ある種の行為や関係を促すのです。

同様に、会社や研究棟でも、皆の通るオープンスペースや廊下にちょっとした椅子やテーブルがあれば、そこに座る人、通りかかって雑談をする人、さらには近くに自動販売機かコーヒーメーカーでもあれば、滞在時間はより長くなり、議論がはずむこともありそうです。特に使途を限定しない開放的空間をオフィス内に作り、人々のコラボレーションを促進する試みは、多くの大学や研究施設で数多く見られます。

新しい関係を作る、あるいは関係の発生を促し、その維持を容易にするものについての研究の必要性は高まるばかりです。

関係のアフォーダンス

関係アフォーダンスとは、関係を可能にならしめるものです。はたしてその本質は何なのでしょうか。
人々が自然に無意識的に自発的に、他者と関わりたくなり、そしてその関係を上手に維持していたくなる――それはちょうど、優れたデザインと素材のソファーに座った人がなかなかそこから立ち上がりたくならないような——自然な反応として、組織やコミュニティ、そして社会全体の制度設計をすることこそが、基礎研究にかなりの蓄積を経た今、ネットワークサイエンスに切実に求められている研究成果の一つであると思います。現実社会においてもウェブにおいてもです。

関係を可能にならしめる何か。生徒が自然に互いに手をつないで走っていきたくなるような空間。地域のお年寄りや子育て中の主婦が、自然とおしゃべりにたちよったり、声をかけあいたくなるような場。散歩の途中の老人や子どもたちが自然に腰掛けて、たあいないおしゃべりをするベンチ。恋人同士がゆっくり川や花を眺めあい互いの愛情を確認しあう場。

そういった関係形成とその維持をアフォードする空間を都市に増やすことが、孤立死や無縁死、幼児虐待や、少子晩婚化の解消に長期的には必ず役立つはずです。人との関わりを拒むような設計の都市、監視カメラの目線がはりめぐらされ、散歩が憚られるような自動車中心の道路、薄汚れた公園のベンチや、暖かみのない箱モノのコミュニティ施設からは、自然に人々が集まり、別れ、またつながりあい、そこから旅立っていくような場ができません。

こう考えてみると、まさに友人関係などは、相互に友情をアフォードするものを認知しあって初めて成立すると言えるでしょう。リーダーシップも同様です。人々の敬意や尊敬、そして同調行動を可能にならしめる何かを備えている人こそが、リーダーをつとめられるのです。

人間関係のアフォーダンスを設計する、作り出すことははたして可能でしょうか。これは、今後のパーソナルネットワーク研究において、一つの大きな研究課題として成立しうると思います。これは関係形成と関係形成維持、そのための組織や制度作りにおいて考慮に値する問題です。ここまで、アフォーダンスという社会学ではあまり取り扱われなかった概念を紹介してきたのは、「関係のアフォーダンス」という考えを提唱し、議論を喚起したかったためです。

ウェブ上の人間関係アフォーダンスとして考えれば、それはより人間関係を活性化する、思わずそこで人とつながりたくなるSNSなどのソーシャルメディアのインターフェースの設計問題になります。孤立しがちな都市住民のコミュニティ活動の活性化問題にもなります。大規模店舗に流れがちな顧客との長期継続的な関係維持を渇望する、商店街の振興策問題としても考えられるでしょう。無縁死や孤立死を防ぎ、出会い下手な若者や、婚活中の人々の助けにもなるかもしれません。工学者との共同研究の出番です。

パトナムはソーシャルキャピタルの再構築を、「社会関係資本主義者」として、政治家から市民までありとあらゆる人々に「周囲の人々と関われ、周囲の人々をつなぎ、関わりやすい機会を作っていこう」と、その著書で呼びかけました[5]。そこに、熱意と誠意、人々への真摯な思いはありましたが、具体的な方法論が欠如していたのは

[5] ロバート・パットナム／柴内康文（訳）（2006）『孤独なボウリング――米国コミュニティの崩壊と再生』柏書房

先に記したとおりです。

我々は関係をアフォードする何かを、デザイナーが、「思わず座りたくなる椅子」や「思わず駆け出したくなるようなスニーカー」をデザインするかのごとく、思わず人との関係を作りたくなる、しかし必要以上に関与しすぎない自然な距離の関係を設計できるのでしょうか。災害直後にしか、身内以外への利他的行為や思いやりが見られないとしたら、私たちは災害に負けているのです。

直感・感性VS論理・推論

しかし、ここに大きな問題があります。それは、私たちが関係のアフォーダンスという概念をつきつめていくと、従来の社会ネットワーク分析を支える「理念」や「科学的価値判断」と、この概念がまっこうから対立してしまうのです。

アフォーダンスという考えかたは、先にもわざと少しだけ述べたのですが、論理的思考や推論よりも直感、感性的な理解を重視します。思わず座りたくなる、思わず飛びたくなる、思わず走り出したくなる「何か」が、環境にあるのだから、それを上手に感知して、身体的な感覚に従って人々が行動するのだとしたら、我々の思考、推論や、知識の蓄積といったものの価値は限りなく低くなってしまいます。私たちの認識、外部世界に対する知識を獲得し、その蓄積のうえにたってさらなる判断や事象の理解を深めていこうとするいわゆるデカルトの認識論以来の、西欧文明的な科学哲学が、根本から問われることになってしまいます。これは実証研究を重視する社会科学者にとっては、学問のありかたの根幹を問われる大問題です。

日常的に我々が接する、家族、友人、同僚などとの関係においては、私たちは関係の全体図ももたず、目の前の人と、互いにさほど不快ではなく、双方にとってそここそこ居心地の良い関係を、日々、会話や態度によって、関係の微調整を繰り返しつつ維持しつつ暮らしているわけです。全体像もなく、演繹や帰納もなく、あたりまえのように何となく、今日は機嫌が悪そうだから距離をおこうだの、今日は大きな笑顔で送り出してくれたから「花」を買って帰ろうだの、という微調整が日々、どこの家庭でも繰り返されていることでしょう。

もしかしたら、関係を認知し、認知した知識を統合し、推論を重ね、さらにまた知識を付加しては修正し、いつかは、関係の全体像を手に入れて世界の全体像に到達するといった科学的な営為は、まったくむなしく、我々は他者との関わりを、他者と環境とが提供してくれる「関係を形成せしめる、維持せしめる」何か、すなわち関係アフォーダンスによって享受しているのみの存在かもしれません。

これではネットワークサイエンスの否定のように聞こえかねませんが、だったらなおさらのこと、身体感覚や直感の「根拠」を求め、さらにその結果として成立する「関係構造」とその「欠落部分」の解明を進めなければなりません。科学者は直感や身体感覚と同じくらいに、知識の蓄積と展開がもつ無限の可能性を信じているものです。

V

パーソナルネットワーク研究の倫理と展望

“時間がたてば人々は徐々にプライバシーを気にかけなくなり、むしろやってくる新しい情報はすべてほしいと思うようになるに違いない……（略)。潜んでいる問題はなにも情報の量だけではない。自分に関する情報が次々とネットに流れていくことを人々は我慢できるのだろうか。世界人口の相当数がそこにいることで、フェイスブックは個人情報開示の巨大な実験台になるかもしれない”

——デビッド・カークパトリック『フェイスブック　若き天才の野望』滑川海彦・高橋信夫訳，p. 457

最後に、ネットワーク調査の倫理、異分野との共同研究、そして研究資金の話をします。

成熟した集団は多様な人々を内包します。学問分野が成熟するためには、多数の貢献が必要です。知的な関心を満たすためには、資金も必要です。

パーソナルネットワークの研究では、文献調査から、質問紙調査、観察、統計分析、数理モデル構築、シミュレーション、データマイニング、プログラミング、描画まで、ありとあらゆる技術が活用されます。ところが、これらすべてに精通するのは並大抵なことではありません。現実的にはほぼ不可能です。

文理を問わず、使えるツールや技法の持ち駒の多さで、研究の質は決定的に変わります。少しずつでも、得意な手法、扱えるツールを増やし、守備範囲を広げましょう。この時代に生まれ、最先端の技術を享受できる研究者の喜びと私は考えています。古典から現代に至るまでの偉大な先達が目にすることさえなかった新しい関係を、新しいツールや方法を使って、掘り起こし、拷問にかけ、規則や法則を探し、美しく描きだすのは、今を生きる私たちの特権です。さらに、手に負えない領域については、自分にない技術や能力を備えた優れた研究仲間を捜して、共に解決していけば良いのです。

パーソナルネットワーク研究の目的は、コミュニティと社会の豊かな成熟を願い、人間関係で傷ついたり悲しんだりする人を一人でも減らし、適切な情報を必要な人に届け、協力を容易にし、関係の潜在的な可能性を引き出すことです。統制すべき拡散や普及を制御し、関係を整理し、人々に必要な絆をつくり、橋を架ける知恵をあみ出すことです。

これは、私たちに託され、そして私たちが次の世代に託す仕事でもあります。この襷《たすき》を無事渡し終えてこそ、研究者につらなれるのです。勉強を重ね、常に先へと進み続けることは、苦痛ではなく冒険です。

市民としての良心、新しいツールや手法、良い研究仲間、潤沢とはいえなくともそこそこの研究資金、そして「問うべき正しい問い」に恵まれたならば、学徒としてそれ以上の人生があるでしょうか。

私たちの行為がネットワークによって決定されるように、私たちのありかたもまた、他者の行為を変えうるのです。

5-1 パーソナルネットワーク調査の倫理

関係の顕在化の問題

9・11はネットワーク研究を大きく変えました。その後、米国の少なからぬ数のネットワーク研究者をまきこんで、テロリストのネットワークを解明する研究が進められました。ネットワーク研究者の軍事活動への協力には、大きな懸念を抱いた人が少なくありません。学会でテロリストネットワークの報告をする研究者もいれば、そういった活動に研究者として加わることに否定的な見解を抱く人もいます。

科学者が戦争に関与したり軍事技術に関わることの是非は、他人が裁いたり非難したりできるものではありません。私の個人的な判断を述べる気はありませんが、協力・非協力の判断には、一人一人の信念と価値観が問われるということを明記しておきたいのです。

一つの例として、アルカイダのネットワークが作り出されていることへの懸念があげられます。ネットワークの分析屋ならおなじみの、所属組織や参加イベントの二部グラフを作成して、共起関係を抽出し、共通性の多い人同士をつないでいく手法です。単純ですが、きわめて有用です。これが患者と遺伝子のマイクロアレイであれば、疾病撲滅という世に憚らぬ大義名分があるので、問題はないのですが、ことテロリストの容疑者となると話は違います。

同窓会名簿や、集合写真、集会への参加記録などからネットワークおこしをすると、テロ行為に関与した人とのつながりが類推されていきます。しかし、その芋づる式の類推リストには、テロ行為とは無縁な人々が含まれる可能性がきわめて高いのです。同窓生、同じ宗教施設に通っていたこと、近隣に住んでいたことなどから、関係の存在を掘り起こし、つながりをたどっていくわけですから、当然、知人・友人関係があったとしてもテロには関与していない人々までをも、関与集団とみなしてしまう相当な危険があります。

そして、誤った判断に基づいて、テロリストネットワークの一員と一度みなされてしまうと、その人の無罪の証明は困難です。ネットワークは不可視であり、まさに悪魔の証明が要求されます。関係があることの証拠をあげることはできても、関係がないことの証明は絶望的に困難です。

テロリストも軍事協力もアメリカの話で、私たち日本人には関係がないとは思わないでください。テロリストは極端な事例であって、関係を研究する人、すべてに関わる問題がここにはあるのです。

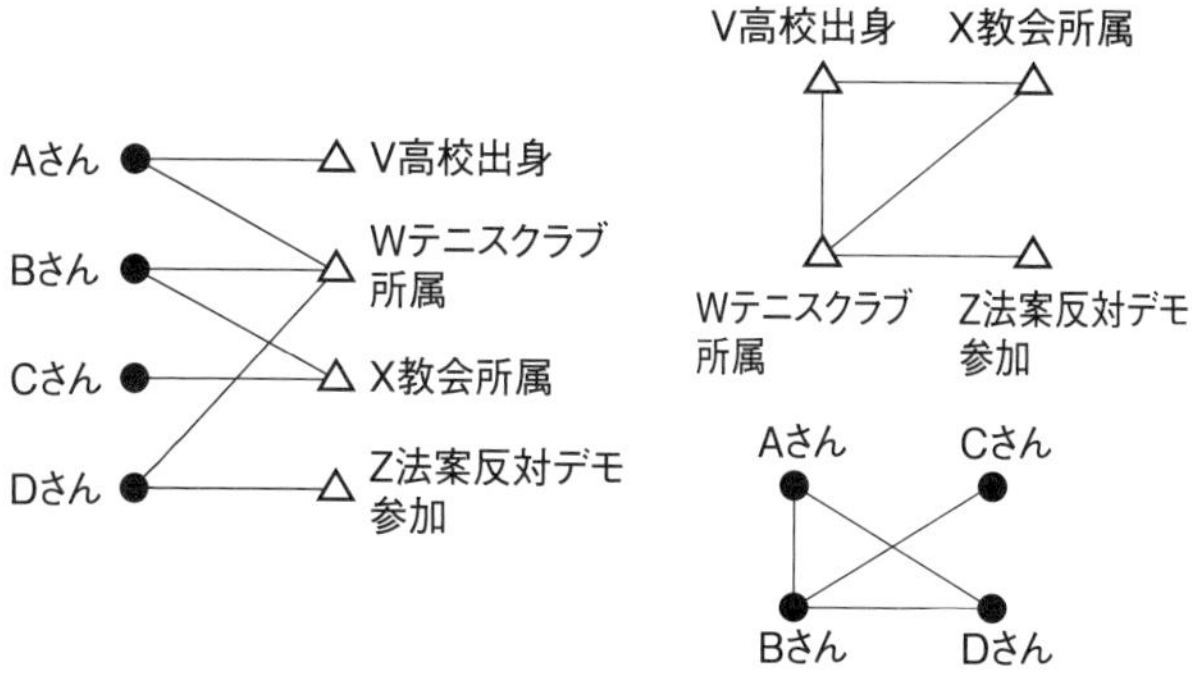

二部グラフ（同じグループ内はつながらない）から、
所属団体同士（上）、人間同士（下）のつながりを抽出

図26　二部グラフからの関係抽出

話はテロリストに限ったことではありません。

否定しようがない「ネットワークの存在と効果」

関係の否定はほとんど不可能なだけに、「関係の存在」を主張する際には、その主体をいかなる意味でも傷つけることのないように、徹底した配慮が必要です。利害関係がまったくないにもかかわらず、人間関係についての無責任な噂やゴシップを好み、その手の情報を広げて喜ぶ人が多いのは、きわめて残念なことです。

研究や解析をしていると、論文に書けない、あるいは他人に語るべきではない関係を見つけてしまうことが少なからずあります。口外しないことを前提に、解析をすることもあります。論文にできないなら研究の価値はないとする考えかたもあると思います。が、現実に関係で悩んだり困ったりしている人がいれば、その解決のお手伝いにデータ分析をすることは、実践的な意味がある大事なことです。

研究者が人間関係のデータにあたる場合には、必要があれば、墓まで持って行くくらいの気概が必要です。関係を顕在化して分析することを業とする人、そのおもしろさを知る人ほど、他者の関係に言及する際には、自己抑制と倫理が必要です[1]。

学術的な社会調査の鉄則として、調査対象者の利にならない調査は、すべきではないのです。実際には調査対象者の利益・不利益は簡単には判断できず、時間と共に変化することもあると思います。また一時的には公開できない関係データであっても、時間が経つうちに当事者たちの利害関係が消え、公開してもかまわない状態になるこ

［1］研究倫理については、河原純一郎・坂上貴之（編著）（2010）『心理学の実験倫理』勁草書房、も参考になります。

ともあります。そういうタイミングが来るまでは、気を大きくもってデータを寝かしておくことも大切です。

関係顕在化のリスク

人間関係の顕在化は、常にリスクをともないます。それは、関係は顕在化させると変質するからです。パーソナルネットワークは、複数の人間が作っているものです。そのため、自分以外の他者との関係の有無が、自分と他者との関係に影響を与えがちなのです。

関係を抽出し、分析することが、その関係のありかたを悪い方向へ向かわせないことは最低必要条件です。しかしそれさえ十分条件ではありません。

とりわけ、互いの感情が伝わる規模の小さな集団、メンバーが固定的で移動が少なく、その後も長期的に同じ人々と関係を維持し続ける集団などでは、関係の調査と分析はきわめて慎重に行うべきです。

人間関係に必要以上に敏感な子どもたちや青少年も同様です。

一方、関係を抽出させてもらった人々から、後になって距離をおかれることもよくあることです。研究開始時は問題ないと思っていても、関係情報を出してしまったあとになって、「必要以上の情報を出したのではないか」という懸念や、「知られなくとも良いことまで知られてしまったので、これ以上関わりたくない」という拒絶感を抱かれる場合もよくあります。とりわけ弱っている時に情報を開示した人は、後に問題解決してから後悔する場合が多々あります。当然の心理だと思います。

他人には通常、見えない関係について話を聞き、データをとり、それを扱わせてもらう以上、守秘義務契約時は言うまでもなく、さらには当初守秘義務契約を結ばなかった情報についても、配慮が必要です。

関係データは誰か一人に属する情報ではありません。個人情報であると同時に、個人間の情報です。関係情報はその持ち主が複数でもあり、権利と義務の担い手がはっきりとしません。責任者もいなければ、債務者もいません。FacebookなどのSNSでは、個人情報のみならず、プライベートな行動や友人関係などが次々と公開されています。これらはひもづけられ、行動、嗜好、友人関係が結びついた貴重なデータとして商品化されつつあります。

感染地図

人間関係データだけでなくとも、商品購買の普及データは、誰かが特定の製品を購買したか否かですから、購入したことを知られたくないような商品でない限り、比較的、安心して扱えます。しかし病の感染や伝染のデータはそうはいきません。病にかかったかどうかだけでもデリケートなデータのうえ、誰から伝播してきたのか、誰に伝播させたのかという感染経路データは、責任や非難の大連鎖を作り出しかねません。

病や悪質な噂など、伝染や普及が望ましくないものに関するデータほど、取り扱いに注意が必要です。

1850年代のロンドンのコレラの大流行時に、コレラが経口感染することを突き止め、「疫学」をうちたてたのは、ジョン・スノーと、ヘンリー・ホワイトヘッドです。微生物がコレラの感染源という知識もなく、人間に害をなす性質をもった悪い空気が病を広げるという「瘴気説《しょうきせつ》」が主流だった時代です[2]。

スノーとホワイトヘッドが挑んだのが、ロンドンのブロードストリートという、道路を中心としたエリアのコレラの広まりでした。コレラの感染源であった井戸を突き止めるのに有用だったのが、スノーが作った、コレラに罹患した患者と死者の分布を描いた地図でした。数学的には「ボロノイ図」と呼ばれる地図です。スノーのボロノイ図では、13個の井戸が点になっており、徒歩での距離で特定の井戸からの距離を決めました。そして、これら患者と死者の地理的な分布から、井戸が感染源であることを突き止めています[3]。

感染のネットワークを考える時、一人一人のコレラ患者は点にあたります。必要なのは感染者を結ぶリンクです。これが「瘴気」であれば、不気味な空気ですからリンクは張れず、感染は淡い雲か気体のようなものになってしまい、網構造をもちません。しかし、点である感染者をたどり、その住居配置や行動を詳しく観察すること

[2] スティーヴン・ジョンソン／矢野真千子（訳）(2007)『感染地図──歴史を変えた未知の病原体』河出書房新社

[3] ボロノイ図とは、平面上に複数の点が配置されている時、その平面内の点を、どの点にもっとも近いかによって分割してできる図です。ボロノイ図は、それぞれの点は直線で仕切られた空間に入っています。その空間内のどの場所からも、その点に到達するほうが、空間の外の点に到達しやすいように、点と空間が配置されています。コンビニの商圏のようなイメージです。

で、スノーらは患者を結ぶリンク（井戸水の飲料）を見つけ、その井戸水飲料ネットワークの中心地点である感染源の井戸を特定しています。疫学では有名な話です。この地域では、ルイス家の赤ん坊が罹患したコレラが、ブロードストリート40番地の汚水溜へ、そしてその汚水が井戸水に直結し、その井戸水を飲んだ人々が次々に罹患するというしくみと、最初の赤ん坊からはじまり、次々と亡くなっていく患者の名前までが記録に残っています。

スノーとホワイトヘッドら医師はさておき、娘を失ったうえに、まったく意図せずに病原菌を井戸水に放してしまい大流行を作り出したサラ・ルイスとその夫のトマスルイス、近くの住人のスザンナ・イリーなど、たくさんの人名が１５０年を経ていまなお、しっかりと記録に残っています。感染ネットワークの源などとして、その名前を残したかったとはとても思えません。スノーらの発見や犠牲者の残した記録によって、人類はコレラとの戦い方を学んだのです。

感染地図の話の含意は、孤立であれつらなりであれ、状況と人によっては、誰にも明かされたくない場合がある、同時に明かされなければならないこともある、ということです。

パーソナルネットワークの研究を進める時には、関係がその保持者にもたらしている喜びや安定、悲しみや苦労を思いやることをけっして忘れないでください。

この項では、関係の追跡調査に否定的なことをいくつも書いてしまいましたが、それでもなお、パーソナルネットワークの研究はやりがいのあるものです。

それはこの研究領域が人を悲しませ、傷つけることができるのと同じくらい、人を助け、自由にすることができるからです。個々人の限界を超え、街を豊かにするソーシャルキャピタルや、採用もリストラもできない企業が、既存メンバーの組み合わせとコラボレーションで英知を発揮する機会を探したり、しくみを考えたりすることもできます。孤独死や無縁社会をなくすといった地道な、しかし人間の生死にまつわる根源的な解決を模索するための努力もあるでしょう。人々を結びつけるツールやメディアの創造にも役立つはずです。

科学者は、関係の法則の「発見」を追い求め、エンジニアや経営者は、新たな関係構築や、関係情報から価値を生むための「発明」を追いかけます。[4] リスクこそあれ、その絶大な可能性こそが、ネットワークの研究の最大の魅力です。

[4] ベン・メズリック／夏目大（訳）（2010）『Ｆａｃｅｂｏｏｋ』青志社、には人間関係の情報から、新しい価値創出を試みる若者たちが活写されています。

5-2 異分野に学ぶ、異分野と競う

ネットワークの研究は分野横断的ですから、数学者、物理学者、あるいは情報科学系の研究者とのコラボレーションは大いに刺激になります。論理的で、あいまいさを嫌う自然科学系の研究者と共同研究ができれば、文系研究者の守備範囲は大きく広がります。工学系の研究者とは関係の設計やデザインも考えられます。

しかし、これが意外と難しいのです。私は幸運にも本当に優れた理工系研究者のかたがたと一緒に仕事をする機会に恵まれたほうだと思っています。それでも、配慮がたりず反省する点、切歯扼腕《せっしやくわん》するほど悔しかった点、文理間に横たわる深い溝など、苦楽双方の記憶があります。いくつかご紹介していきたいと思います。

学問の王様――数学者

まずは数学です。ネットワークの研究の基礎は、グラフ理論です。離散数学の一部であるグラフ理論の用語や概念を使って、社会に存在するネットワークを記述しますから、この知識はかかせません。せっかくつかまえたネットワークの特徴を、言葉や

式であらわすためには、グラフ理論の学習が不可欠です。また、特徴量を計ったり、特徴的なモチーフを数える際には、統計学も必要になります。つかまえた構造の把握と記述であれば、数学的証明の知識や能力はさほど必要とされません。

一方、中心性や構造同値といった、構造特徴を記述し、把握するモデルを作る場合には、単なるグラフ理論の概念の借用を超えた、数学の知識が欲しいところです。所与の点と紐帯の本数から作成しうる関係のパターン数は?といった問題を考えるには、順列と組み合わせ、確率論の考えかたは大変有用です。モデル作りには、数学的な証明を展開する力も不可欠です。このあたりは文系だけのトレーニングを受けた人間が、とても苦手とするところです。実際に、数学の専門家の学会や会合に参加するのは敷居が高いのですが、常に、最新のグラフ理論や離散数学の本をチェックする習慣をつけておくと良いと思います[1]。この点、統計や情報系の学会や研究会はまだ敷居が低く、応用研究を目的とした文系異分子が参入しても、懐深く受け止めてくれますので非常に勉強になります[2]。

数学者にない我々の強みは、現実の社会問題の提起力です。現実問題とモデルを結びつけるのは、現実あるいは理論的な関心に基づく、問題の設定力です。数学者は数学上の問題は設定できますが（リーマン予想などが、代表的な「数学の問題」です）、現実的な社会問題の設定は彼らの守備範囲ではありません。応用研究として、疾病の感染過程や、商品の需要予測などに挑むこともありますが、それは数学を使って何ら

[1] なお、グラフ理論の英語は、ヨーロッパ流と米国流では異なるものが多く、訳語にもバラエティが多いので注意が必要です。点一つとっても node と vertex、ノードと点という差があります。

[2] 右田正夫・今野紀雄（2011）『マンガでわかる複雑ネットワーク』ソフトバンククリエイティブ　増田直紀（2007）『私たちはどうつながっているのか』中央公論新社など、数学者によるわかりやすい解説書があります。

かの問題を解いているのであって、数学の問題を解いているわけではありません。数学を使って解くべき、現実社会にある課題を見つけ、きちんとした形で定式化して問題として提示するのはやはり文系、しかも社会科学系がなすべき最大の課題だと思います。

残念ですが、純粋数学に社会科学ができる貢献は多くありません。まだまだ応用数学分野へは、社会科学系から、現実社会の適切なモデル化、とりわけダイナミックモデルや複雑系解析などの研究者と解くべき課題を提案していけそうです。

統計学者の強みと弱み

統計学者もくせ者です。彼らは「データの形にさえなっていれば、何とでもしてみせる」という強い自負があり、しかもそのとおりに何とかしてしまうのです。つまりデータの特徴量をつかみ出し、データに基づいて事象を記述してみせるのです。一方、彼らの弱みはフィールドに弱いことと、データをとってくるまでのプロセスが苦手なことで、この裏返しが、我々のアドバンテージというわけです。より詳しく考えてみましょう。

社会科学系の強みは「現地・現物」、人間を厭わず足で稼ぐことです。大きな理論的問題意識をもち、それに関わる場所へ足を運ぶ。観察やインタビューを繰り返し、仮説を立て、それらに基づいて、調査を設計し、質問文を練り、質問紙をデザインする。そして実査になれば、調査票を配布、回収、入力からクリーニングそして解析へと流れを作っていきます。入力が終わって、エクセルなりSPSSなりのデータセットになってしまうと、統計学者は強いのですが、それ以前の段階にどこまで関与できているのかが、分析結果の解釈に大きな影響を及ぼします。

データセットになったら、統計学者と一緒に仕事をすると大変にはかどります。そして、データセットの数字の背後にあるもの、人の顔や町の風景、貧困や富貴の様態、現場の香りや湿度や熱気、回答に対する迷いやためらい、回答の分布の後ろにある、そうした数字の元となった人々の行為や心に対する理解、数値を導き出すために作成した質問紙の細々とした特徴……それらの知見を提供しつつ、議論を重ねます。それが我々が統計学者との共同研究で可能な最大の貢献かもしれません。

統計学者との共同研究においてもっとも急務なのは、ネットワークの標本抽出技術の確立です。ネットワーク調査の際に大問題となるのは、ホールネットワーク調査かサンプリング調査かです。近年ではコンピュータのデータ処理能力がおそろしく上がったので、かなりの大規模なネットワークデータでも、サンプリングなしに解析が可能になっています。

とはいえ、小規模なサンプルから全体構造を推定できればそれにこしたことはありません。統計物理学者が言うように、およそ多くの世の中のネットワークがスケールフリー構造であるとするならば、スケールフリー構造からの代表性をもった標本の抽出は可能かどうかが重要になります。現在、この問題については可能、不可能それぞれ意見が分かれていて、スケールフリーネットワークからとってもスケールフリー構造にならず、サンプルがスケールフリー構造になったら元のネットワークはスケールフリーネットワークではないと言う研究者もあり、決定的な方法は確立していません。何も考えずにランダムに抽出したら当然、ハブのほうが数が圧倒的に少ないので、サンプルにはあらわれてこない可能性が高いのです。階層的サンプリングが可能か否かもよくわかっていません。

ただし、構造特性はサンプリングした対象から推定できないかもしれませんが、サーチ能力はサンプリングで推定できる可能性はあります。トポロジカル距離とアルゴリズム距離の差を思い出してください。関係探索能力が正規分布なのか、あるいは、べき分布なのかはこれもまだ未解明ですが、今後、脳と関係を認知する機能の研究が進めば、間違いなく、人々のアルゴリズム距離や関係探索力についての研究も進展していくはずです。

情報科学者——技術決定論と社会決定論

次に工学者、とりわけ情報工学系の研究者です。残念ながら機械工学のような「モノを制御する」研究者と、パーソナルネットワークの共同研究の機会はあまりなく、工学系のかたと組むのであれば、やはりソフトウェアやＡＩといった情報工学系のかたがたと組むのがおもしろい研究ができるようです。彼らの目的は「発明」です。

エンジニアと社会学者は、「技術が社会を変える」という技術決定論と、「社会の要求こそが技術の普及や誕生を促す」という社会決定論という宿命的な対立がありま す。これは極端に単純化した表現ですが、実際に、自分の設計や技術によって、人々のコミュニケーションパターンや行動が変わる！という確固たる信念があるエンジニアのかたは多々います。一方、道具や機械で人間や社会が左右されるなんて、とんでもない、我らのニーズや信念こそが新技術を受容したり、あほくさいと言って捨てたり、場合によっては新技術を作り出したりするのだ！と強く考える社会科学系の研究者もいます。「インターネットが社会を変える」のか「コミュニケーションのニーズが通信技術を発達させた」のか、です。[3]

「より良い民主主義が、優れた電子投票システムの導入により可能になる」、と考えるか、「より良い民主主義を社会が十分に求めた時にのみ、優れた電子投票システムができ、それが人々に受容されて機能する」と考えるかの違いと言っていいかもしれません。Twitterが広告のありかたを変えたのか、現代社会が「つぶやき系ミニブログ」を求めていたのか、例を挙げれば切りがありませんが、やや、「鶏か卵か、どちらが先か」的な議論でもあり、一概に白黒はつきません。

さて、いずれにせよ、技術者のかたがたの一番の強みが「作って動かす」です。彼らは理論や仮説を、モノを作って動かすことで実証するのです。これは、最近は

[3] 佐藤俊樹（1996）『ノイマンの夢・近代の欲望――情報化社会を解体する』講談社

少々、変化も出てきましたが、文系にはない素晴らしい能力です。小さくは計算ツールや可視化ツール、さらには、シミュレーション、データの収集と解析システム、大きくは開発環境や言語まで、彼らはともかく自分たちで作って、動かしてしまいます。そしてそれを使って評価をしてくれる人々を求めています[4]。

他者や既存の事象への批判に基づく問題提起（それもえてして非建設的な、「だからどうする」といった改善提案がない場合が多いのが問題かもしれません）からはじめて、最終的なアウトプットは論文や報告といった活字オンリーの文系とは、まったくゴールのイメージも、よってたつ信念も異なります。

シミュレーション技術も重要です。構成要素が多様に動きうる状況で、全体に何が起こるのかを知る、つまり全体の挙動の理解、そして予測にはシミュレーションが不可欠です。社会科学者が関与していないシミュレーションでは、あまりにも非現実的な設定のシミュレーション研究を多々見かけます。シミュレーションはいわば「箱庭」を作って、動かしてみるわけですから、言い方は悪いのですが、やりさえすれば必ず何らかの結果は出ます。それが論文になればいいのですが、非現実的な設定で非現実的なモデルを動かして、いったいそこからどのようなインプリケーションが得られるのか疑問がわく論文が多いように感じます。シミュレーション技術はないが、人の行為や相互作用については多少理解があるという我々社会科学系と一緒に、文理融合研究を進めていきたいものです。

[4] 工学系にとって関係データの抽出・解析以上に重要なのが関係をアフォードするしかけや場作りとその評価の研究です。

動くものを作れるのが工学系の強みなら、我々社会科学系の強みは言葉とフィールドです。工学者が作るツールや道具の機能、可能性と、それが生み出すアウトプットの評価と解釈は文系の強みです。現場での研究やデータ取りを可能にするための普段からの人間関係構築や、名刺交換にはじまり、一見無駄とも思える宴会やおつきあい、研究に直結しないくせに、時折生じてしまうありとあらゆる無駄足はあります。しかし、それなしにはデータはとれませんし、現場で調査はできません。こういうものは工学者や統計学者の評価軸にはあらわれてこない、文系学者の大切な資産であり投資の結果です。

一方、昭和か明治時代の父親像ではありませんが、言葉がやや不足気味な工学者には、文章が書けて声がでかい文系研究者は鼻につきます。技術開発やシステム作りに関わった人は姿が見えにくく、残念ながら、社会的に知られがたく、評価も広まりにくいからです。文系学者も、ツールやシステムを見せてもらい使わせてもらうのは楽しいのですが、それを自分で好きに使え、研究に利用できるようにならない限り、技術の発表会につきあわされているだけでこれもまたおもしろくありません。趣味としてムラタセイコちゃんやルンバを眺める楽しさと、共同研究として新技術や開発されたものを見るのでは話が別です。

これこそ、まさに、自分の強みは相手の弱み。共同研究時には、双方の配慮が必要な点です。「勝手に書かない」「試用ユーザーとして意見や感想を聞くだけで終わらせない。相手にも使えるしくみを作る、ないし、相手が使えるようにする」。このような交換と共同が考えられます。これから若い世代の人たちは、まさに文武両道となり、プログラムを書きツールも作り、解析もし、文章も書き、専門家のみならず、広く一般社会へ発信もできる研究者になって欲しいと思います。

バイオインフォマティックス——時代の申し子

ネットワーク分析の手法が、みごとに使われている新しい領域があります。バイオインフォマティックスです。バイオインフォマティックスは生命情報科学とも訳されます。私も専門からはほど遠いので理解不足ですが、生物学と情報科学の中間的な学問領域です。具体的には、コンピュータで生体高分子の物性、それも分子や遺伝子のつながりかたを調べる研究です。システムバイオロジーという領域もあり、こちらは、より広範囲に分子間の相互作用や、転写ネットワークの構造とその相互作用を研究し、そのシステムの制御と設計を検討する研究分野です[5]。

開始当初は、壮大な計画だったヒトゲノムの解読は、急速に発達したコンピュータの解析力のおかげで、予定よりもはるかに少ない時間で2000年に終了しました。この頃から、生物学と情報科学が出会い、生物を構成する諸要素の配列やつながり、パターンの発生などの大量データを解析することをバイオインフォマティックスはめざすようになりました[6]。

[5] 転写ネットワークとは、遺伝子制御ネットワークとも言われ、遺伝子の現れ方と相互関係をネットワークにしたものです。
近藤滋・北野宏明・金子邦彦・黒田真也（2010）『システムバイオロジー』岩波書店

[6] ゲノムとは生物体を構成する細胞に含まれる染色体の組、あるいはその内部にあるDNAの総体を指します。

バイオインフォマティックス研究の発足当時は、アミノ酸の配列データから意味のある生物情報を読み取る研究が主流でしたが、近年は遺伝子の発現情報や遺伝子間の相互制御データの解析などが急速に進んでいると言われています。[7] 遺伝子のみならず、代謝物質の反応経路やタンパク質同士の相互作用、流行の脳細胞や欠陥のネットワークなども守備範囲です。

[7] 日本バイオインフォマティクス学会（編）（2006）『バイオインフォマティクス事典』共立出版

対象こそ遺伝子やタンパク質ですが、そのネットワークを扱うのですから、よってたつ基盤は当然、グラフ理論、我々社会ネットワーク研究者と一緒です。

たとえば遺伝子発現制御のネットワークであれば、遺伝子をノード、リンクを遺伝子間の相互作用とした有向グラフが描けます。

特定の病の患者さんに特定の遺伝子の発現が共通してみられるかの検討もしています。この場合は、患者さんを列に、遺伝子を行にとると、患者さんと発現遺伝子の関係が二部グラフで表現できます。

たとえば同じ病をもつ200人の患者さんを列に、300種類の遺伝子を行にとり、発現状態を0と1にわりふれば、300行×200列の二部グラフができます。これをクラスター分析にかければ、遺伝子の階層構造を導き出せます。

この手順は、二部グラフのブロックモデルとまったく一緒です。目的こそ違いますが、二部グラフを作り共通要素を特定するという手法によって、病気の原因となる遺伝子の抽出を試みているのです。

表7　遺伝子と患者の二部グラフ

	患者1	患者2	患者3	…	患者N
遺伝子1	1	0	0	…	1
遺伝子2	0	1	0	…	0
遺伝子3	1	1	0	…	1
・	・	・	・	…	・
・	・	・	・	…	・
遺伝子N	1	1	0	…	1

遺伝子の発現状態を配列によって測定・分析する方法やその機械は、「マイクロアレイ」と呼ばれています。

社会ネットワークの二部グラフとまったく同じ扱いが、最先端の遺伝子科学の分野で遺伝子と患者のパターンマッチングに使われているのです。扱うノードとリンクの性質がまったく異なることは当然として、バイオインフォマティックスの領域では数学的厳密性が強く求められていることは、パーソナルネットワーク解析との違いでしょう。

バイオインフォマティックスの研究者が、生物を構成する要素間の関係をモデル化する際に常に厳密にグラフ理論を用いるのは、遺伝子発現制御ネットワークや化学反応ネットワークといった対象そのものの要求があるのだと思います。自然科学が絶対視する厳密な仮説検証スタイル、医療技術を通して薬や人命に関わる基礎情報となる学問であるが故の、研究倫理のなせる技でしょう。

この点、社会科学系はどうもアルゴリズムの適応や概念の精査において厳密性がおろそかになりがちで、注意を促したいところです。私自身も猛省させられています。

さて、DNAやRNA、タンパク質など、それぞれのネットワーク構造が部分的に解析されてはいるものの、これら全体を包括するネットワークの推定は今後の課題のようです。小さな局部内のネットワークを超えて、人間の体という未知なる全体のネットワークへ向かうとは、何とも大きな課題です。

グラフや二部グラフの利用だけではなく、バイオインフォマティックスには注目すべき手法の一つに、「立体構造比較」があります。

高校の化学の授業時に、有機化合物の組み合わせモデルを見たことがありませんか。科学社会学の領域でも、遺伝子の二重螺旋構造の発見は大きく取り扱われるので、螺旋階段のようにねじまがって、四つの配列が伸びている華麗なる分子立体モデルが記憶にあるかもしれません。

残念ながら、社会ネットワークの研究者は、三次元のモデル表現はほとんどできません。二次元平面上のグラフこそ使用するものの、社会関係を三次元以上の形で表現し、その複雑性をうまくあらわしたものは見たことがありません。

分子生物学同様、社内の人間関係の階層構造を三次元で表現したり、コミュニティ内の権力構造をうまく、立体的にあらわすモデルが提案されても良いと思うですが、寡聞にして知りません。思春期のしなやかな感性時にたたきこんだ、分子の立体モデルは何年も記憶に残り、その後の三次元モデリング思考の基礎となるのでしょうが、社会ネットワーク研究者にはその萌芽もなさそうです。人間の訓練というのはおそろしいものです。今後の課題の一つです。

さて、分子生物学の立体構造比較とは、対象とするタンパク質の内部構造が類似しているかどうかを比較する研究です。

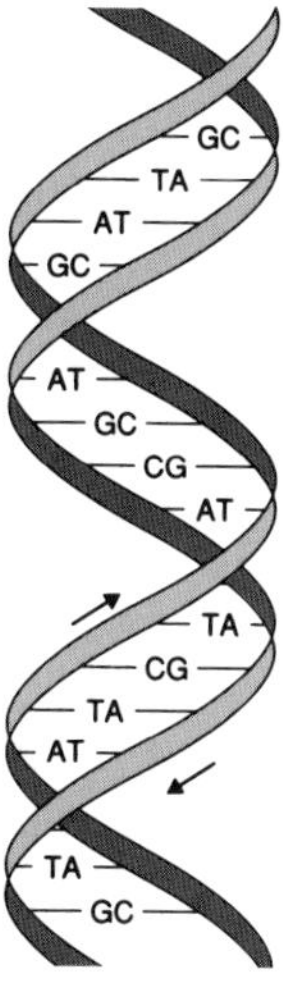

通常の人間関係は、遺伝子のように、配列や位置にはしばられていません。

図27　二重螺旋モデル

彼らは「コンタクトマップ」というツールも使います。これがなかなか魅力的です。

タンパク質は立体構造ですが、この構造を二次元の地図におとしこんだものはコンタクトマップと呼ばれています。タンパク質を構成するアミノ酸の相互の位置を計り、その距離に閾値を設けてマップ上に白黒であらわすものです。三角形になります。距離に意味がないグラフと異なり、並び順が重要です。

関係構造が非常にわかりやすく図として表現されるため、目で見て類似性を直感的に把握できます。もちろんさらに厳密に類似性を検討するわけです。ヒートマップの濃淡で社会関係の強弱およびその分布を示す図は社会科学系も用いますが、バイオインフォマティックスではコンタクトマップが用いられるようです。

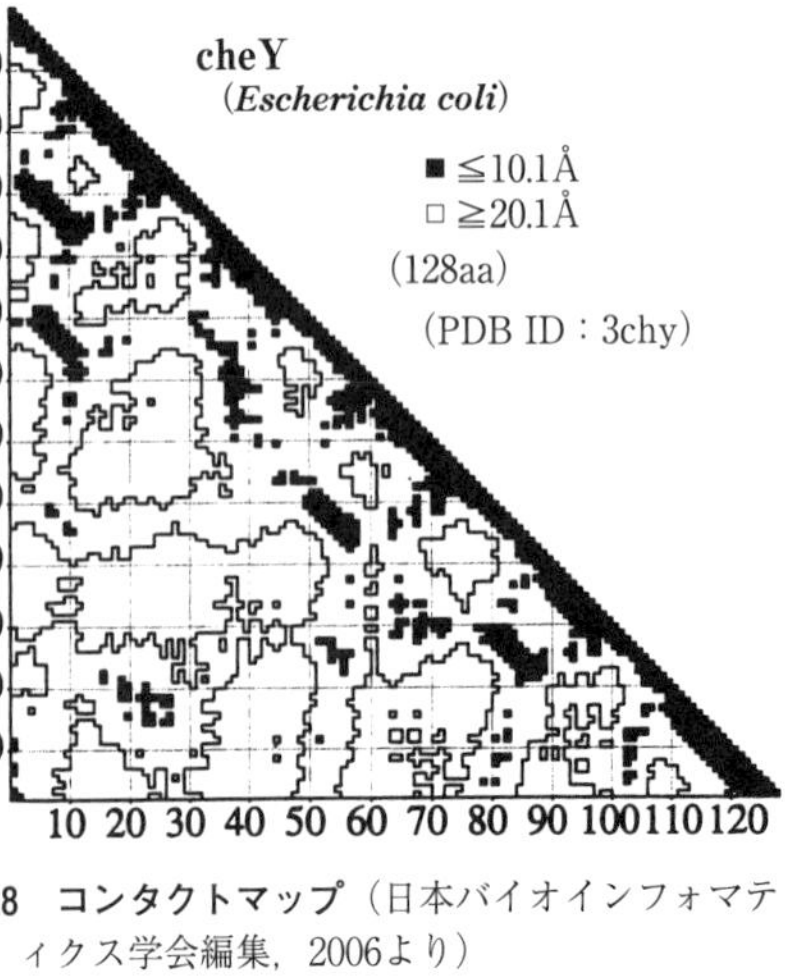

図28　コンタクトマップ（日本バイオインフォマティクス学会編集，2006より）

さらには三次元構造中に、二次元構造で認められた関係のパターンが発現するかどうかを同定したり、その頻度を数え上げる手法もあります。パーソナルネットワーク研究においては、個々人の関係がもつバラエティが大きいので、先にあげたモチーフ数え上げや、類似パターンの同定をすることは稀です。

しかし、業績の良い企業に見られるパーソナルネットワークのモチーフ発見や、コミュニティにおける関係モチーフの数え上げ研究なども、間違いなく、遠からず、あらわれてくるでしょう。パーソナルネットワークの研究よりはるかあとに生まれたバイオインフォマティックスですが、熱心な研究者と膨大な資金のおかげで、あっという間に分析と表現の技術において社会科学系研究者を置き去りにしてしまいました。我々も、彼らの研究に目配りをしつつ、展開される手法のうちとりこめるものはどんどん、パーソナルネットワーク研究に応用していかなければなりません。

なお、システムバイオロジーという学問領域に名前を与えたのは北野宏明です。彼は学問領域は研究対象によって規定されると長生きするが、利用される手法や技法によって定義されると手法とともにはやり廃りがあり、学問分野として脆弱だと述べています。[8] ネットワーク分析も手法にネーミングをするのではなく、研究対象として「組織ネットワーク」「パーソナルネットワーク」あるいは「企業間ネットワーク」などと具体的領域名をあげたほうが、分野としては頑健なのかもしれません。いつまでたっても、ネットワークの研究が既存の研究領域内に点在してしまい、一群の研究者の分野横断的な大きなネットワークができないのはこのせいでしょうか。

[8] 近藤滋他（2010）前掲書 p. 42.

5-3 関係を扱う現場と道具

分析と描画ツール

研究対象の多様性と、大規模化にともない、この10年間で、ネットワークを分析するためのツールは大幅に増えました。分析と描画の両方の機能をもつもの、描画に特化したものなど、使いやすいツールがいくつも出てきています。

まずは小さいネットワークであれば、UCINET®がもっとも直感的にわかりやすい分析ソフトです。有料ですが、学生版とその他で値段が違います。[1] 大変に使いやすく、いわば社会ネットワーク分析では定番と言っても良いソフトです。簡単な解説がGBRCのオンラインジャーナルにあります。

UCINET® は大規模ネットワークの解析に弱いという欠点があります。インストールするパソコンのメモリやCPUにもよりますが、サイズが500くらいのネットワークになると指標計算に時間がかかったり、場合によってはプログラムが途中で止まってしまいます。ノード数が1000を超えると、使い勝手が極端に悪くなります。描画ソフトのNetdrawも組み込まれているので、小さいネットワークを扱うには大

[1] 学生版は40ドル、アカデミック、公務員は150ドル、その他は250ドルです（2010年12月現在）。

変に使いやすいソフトです。

スロヴェニア語で「蜘蛛」を意味するPajekは、ネットワークの探索的分析と描画のためのソフトウェアです。スロヴェニアのサイトから無料でダウンロードできます。

Pajekの長所は、比較的大規模なネットワークでも分析・描画できることです。CPUやメモリの容量にもよりますが、ノード数が数千のネットワークでも、十分扱えます。開発者たちによれば、理論的には、ネットワークサイズ9999997までは大丈夫だそうですが、紐帯数やマシンの機能制約もあるので、一概にこれが上限とは言い切れません。

UCINET®同様、指標の計算をしてくれるので、文系の研究者で自力でプログラムを書けない人には向いています。描画のアルゴリズムもたくさん備えているので、工夫して時間をかければ、美しいネットワークが描けます。ただしPajekは使い勝手がやや悪く、慣れるまでには時間がかかります。コンピュータの計算の速度と扱える規模の大きさを優先しているので、いたしかたありません。時間をかければ、使い慣れていきます[2]。

Rは無料の統計・数値計算のパッケージとしてウェブ上で配布されています。ネットワーク指標の計算や描画が可能です。Rも、文字列をたたきこむだけのインターフェースで素っ気ないのですが、多くのネットワーク指標の算出が可能で、慣れさえす

[2] 参考文献はウオウター・デノーイ他／安田雪（監訳）(2009)『Pajekを活用した社会ネットワーク分析』東京電機大学出版局、です。この本の出版後も開発は継続中で、ウェブからダウンロードできる最新版と、本で扱っているバージョンはやや機能が異なっています。

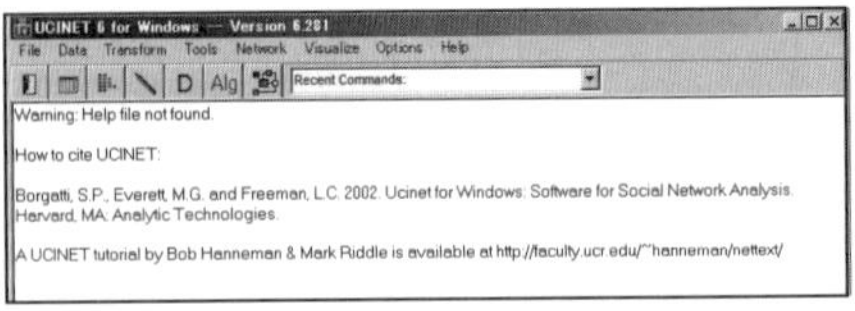

図29-1　UCINET® の操作画面

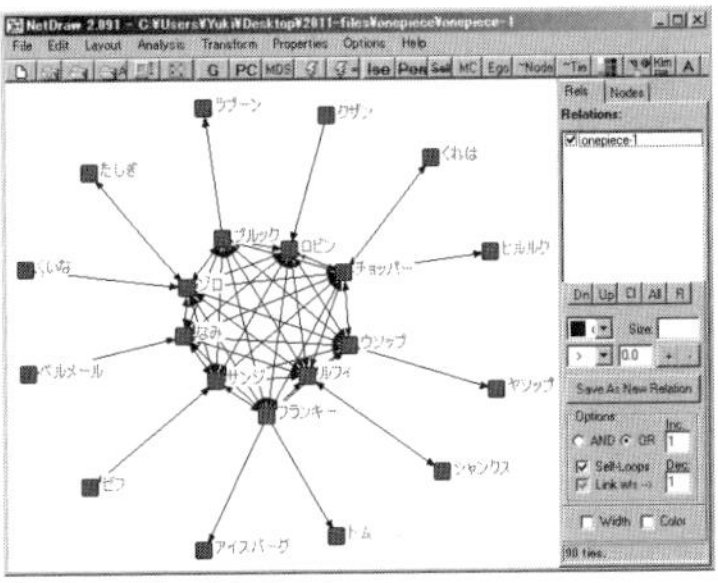

描画をさせ終わったところです

図29-2　　Netdraw の操作画面

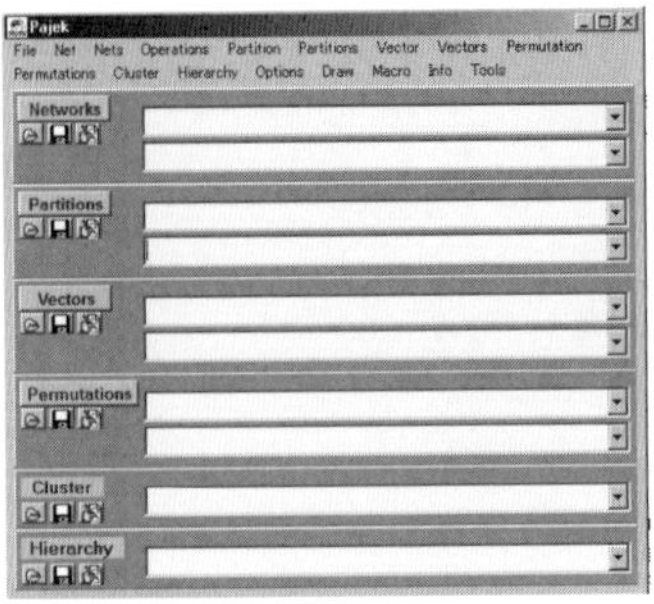

図29-3　Pajek の操作画面

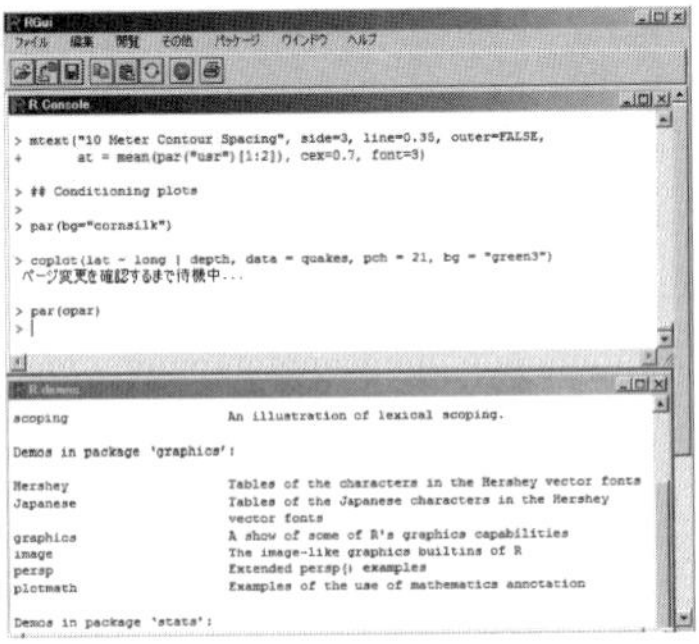

図29-4　R の操作画面

図29　分析と描画ツール

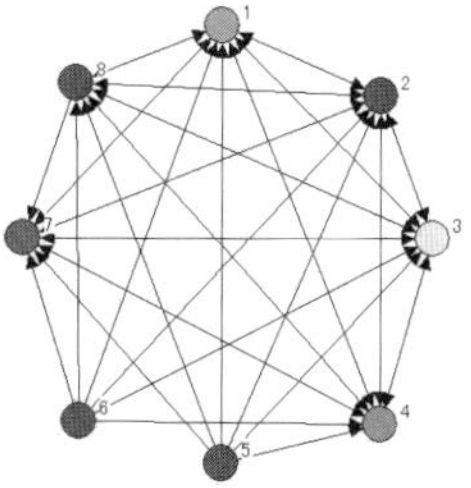

UNINET®には描画機能はないが、描画ソフトNetdrawが組み込まれている

図30-1　Netdraw による描画

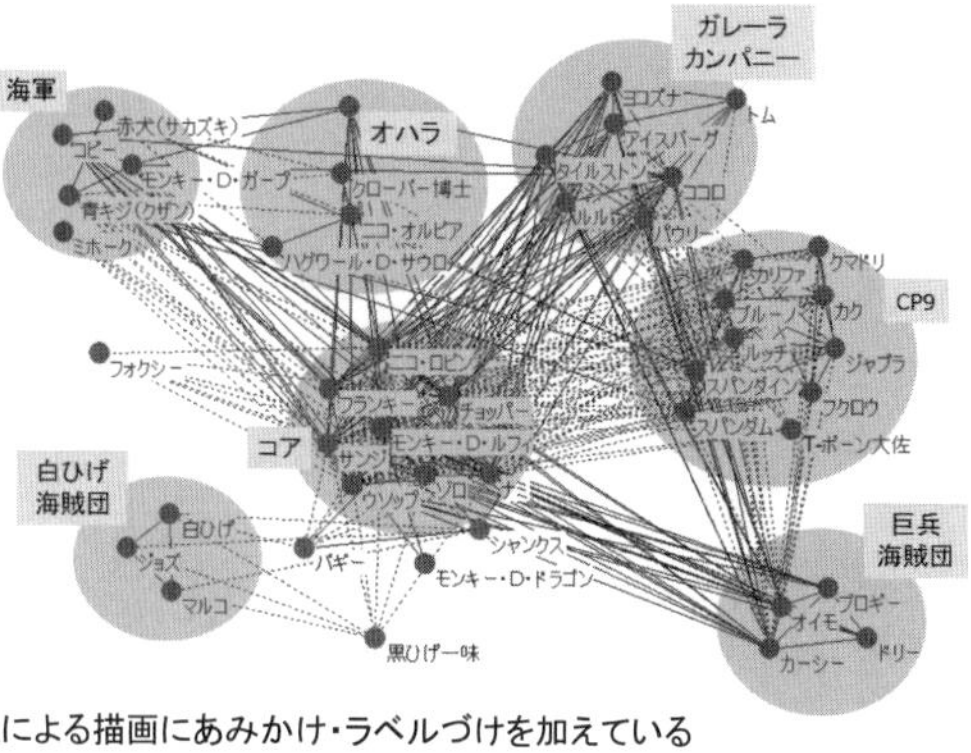

Pajekによる描画にあみかけ・ラベルづけを加えている

図30-2　Pajek による描画

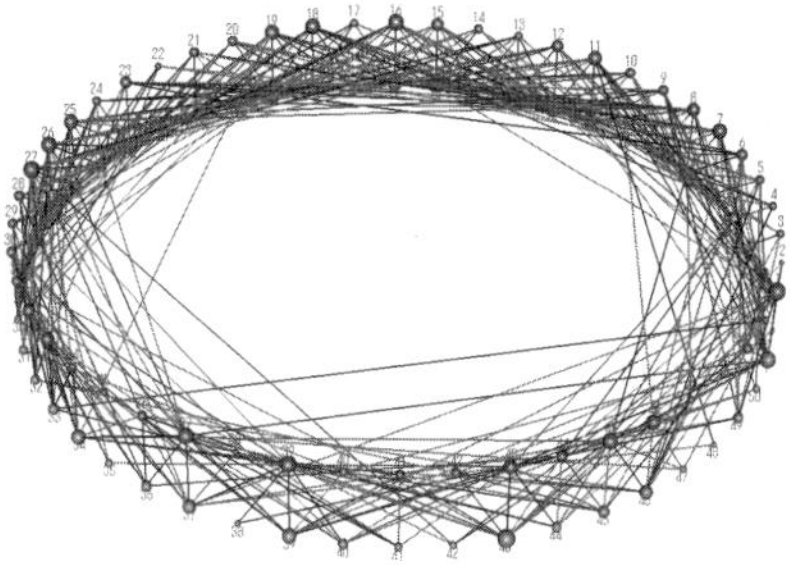

図30-3　R による描画

図30　描画例

れば非常に便利なツールです。グラフィックスの出力が美しいのもRの一つの特徴で多様な加工ができます[3]。

Mathematica はその名のとおり、数値計算、数学解析のためのソフトウェアです。ネットワーク分析や描画のために特化したものではありませんが解析力に優れ、ネットワーク指標の算出や描画も行えます。

Igl は大規模ネットワークの可視化専用ツールです。UNIX上で動くので、ウインドウズベースで仕事をしている人にはなじみにくいかもしれません。ノードとリンクを細かく識別して描くよりも、銀河系のように全体像を浮かび上がらせる描画を描けるのが特徴です。

Cytospace は、分子生物学系の研究者によく使われる描画ソフトです。分子生物学の知識がなくとも描画だけであれば比較的簡単に使えます。

そのほか、韓国で開発された Netminer などネットワークの分析、描画ソフトは多数開発されていますので、自分の扱うネットワークの規模と性質に応じて使いやすいものを選んでください。

[3] 解説書に、鈴木努（2009）『Rで学ぶデータサイエンス8―ネットワーク分析』共立出版、があります。

あの人検索

人間関係の可視化のツールとしておもしろいのが、SPYSEE というウェブサイトです。ウェブデータからのリンクマイニングでは国際的な研究者であり、抜群のセンスをもった松尾豊らが開発したサイトです。ここでは、人物の姓名を入力すると、その人物と関わりが強いと思われる人間をリストアップし、関係を規定する文脈を推定してくれます。ウェブから当該人物だと推定される画像を収集し、つながり情報とともに提示してくれるので、おおよそのその人の顔と、関係が強いと推定される人物を知ることができます。もちろん、人間がいちいち判断しているのではなく、機械的に処理をさせているので、まったく関係のない人物が含まれている可能性もありますが、私自身と知人の関係を見ている限り、かなりの精度があります。

さらに、その人物に関すると思われるTwitterの発言があわせて提示され、その人をとりまく人間関係と、直近の周辺情報が浮かび上がる仕掛けになっています。ウェブ上の情報をクローラーで集めて、共起関係を機械的に処理しているため、公知のデータの組み合わせですから、誰かに関係をあばかれたというわけでもないのですが、喜んで良いのか悲しんで良いのか、あからさまに関係および周辺情報が顕在化されるので、サイトには功罪両方を感じます。

名前で同定するため、珍しい名前の人よりも、かえってよくありそうな、田中恵子さんとか、鈴木一郎さん（仮名です）などのほうが、複数人物が候補としてあがってしまい、本人と同定するのが難しいようです。なお、人名を扱うデータベースを作る際に、似たような名前を集めて、漢字の新字体と旧字体の確認をしたり、結婚前後の姓の変化を確認したり、入力ミスによる同一人物を同定したり、外国語表記の揺れを検討したりして、人物の特定をしていく作業を**名寄せ**と呼びます。あくまでも判断基準を人間が決めないといけないので、大変に労力のかかる作業です。先のデュルケムはデュルケイムともデュルケームとも表記されますが、こういう表記揺れは、名寄せが必要な例です。名寄せも人間関係データ収集時には大切な作業です。

"Publish or perish"「出版せよ、さもなければ滅びよ」を掲げる研究者ですから、研究論文に関する情報が外に出続ける限り、それらの情報を互いに結びつけ、研究者や研究テーマのネットワークの見える化をますます進展させていくでしょう。関係の構造化が、個別情報の総和以上の価値を生む好例です。

ひもづけ技術――監視か究極のデータマイニングか

ＷＷＷに限らず、購買履歴や銀行のトランスアクションデータなど、点在する個人情報や行動記録を合成して、ある人の行動や思考パターンを推定していくしくみが、急速に発達しつつあります。人と人、人と物との関係情報の商品化です。人によってはこれを大変に危険な監視技術だと考えます。また、人によっては、消費者行動の理解や人間行動の把握に大変に有用な技術だと高く評価しています。

これは、直接のパーソナルネットワークの研究ではありませんが、「個人がその場に存在しない状況で、いかにして行動や関係データから、人間を作り上げていくか」という、きわめて先端的な技術です。個人情報を保護しつつも、行動履歴やメール履歴などを合成し、データをさまざまに分析して、人々の活動パターンを構築したり、予測する技術が急速に開発されつつあります。関係履歴ももちろんそのなかに含まれますから、我々の関係の状態の特定や予測も十分起こりえます。「〇歳の男性が、〇歳の女性とどこへいって、何を買った」という履歴が、たとえばクレジットの利用履歴や店舗のPOSシステムに膨大に貯まれば、そこから個人をあえて特定することなく、さまざまな行動が起こる確率を計算して、特定の年齢層や性別の消費行動モデルを作れます。店舗が発行するポイントカードは購買履歴を個人情報にひもづけしていますので、こうした消費者行動分析のための最適データを収集できます。当然、本人の同意さえとれれば、個人情報をいれこんでモデルや予測をさらに精緻化できます。ポイントカードを利用するたびに、各自の購買行動パターンや移動パターン、嗜好や趣味などが、企業にデータとして送り込まれているのです。企業にとっては貴重なマーケティング情報です。自らの行動をすべてライフログとして積極的に記録し、提供、研究する人々がいる一方で、個人の行動パターンや嗜好についてはあまり知られたくない人もいるものです。双方の意志にかかわらず、行動履歴の収集技術は進展し、蓄積されるデータも膨大になり、その分析技術も日々、急速に進化しています。人と消費財との関係情報もまた、商品化されています。

個別に点在する情報から人間モデルを作り上げ、その行動やありかたを予測する手法の科学的な有効性と倫理については、常に研究者としても一般市民としても、注目し続ける必要があります。

研究資金の獲得

最後に、研究資金について少しだけ触れておきます。

文系研究者にとっては、研究のための外部資金の獲得といえば、文部科学省か厚生労働省の科学研究費がまっさきに浮かびます。理工系の研究者はこれらの科学研究費に加えて、ＪＳＴ（科学技術振興財団）の研究費も大きな資金源として狙いにいれる人が大多数です。ＪＳＴの研究費には、数億が動く大型研究から数百万円規模の小型な研究まで、理工系、医学系を中心に膨大な資金が用意されて、国内外の研究者によって激しい争奪戦が繰り広げられています。分野によりますが、日本人だけではなく外国人のかたも、また大学関係者だけでなく、民間企業のかたも、研究に応募できます。

基礎研究ばかりでなく応用研究も守備範囲にいれられれば、企業との共同研究や委託研究の可能性が俄然大きくなります。「特定の企業との関わりをもつなんて、政治的にも心情的にもできない」と尻込みをする社会学系の研究者もかつてよりは少なくなったものの、少なからず存在します。このあたりのバランス感覚や信条は、他人には理解できないものなので、各自の判断にゆだねるしかありません。

とはいえ、競争的研究資金の提供先や応募状況、さらには資金を獲得するための書類上および人間関係上のノウハウは、その道の研究者のネットワークに入らないとなかなか伝わってきません。この点、研究費獲得の歴史と伝統がある研究室、あるいは新しくとも研究資金を潤沢にもっている研究室とのつながりは大切です。その時、その時の研究資金の多寡は研究の質と速度に大きな影響を及ぼします。

そしてえてして地方大学や小さな大学組織にいると入手しづらいのが、研究資金の出どころや、研究資金を獲得するためのノウハウなどの、暗黙知です。こういった知識もまた、一部の研究者の大動脈上を流れていて、マシュー効果[4]が日々、一部の優れた研究者群に働いているのです。

研究を継続していくための知恵や資金情報を得るためにも、学会や研究会などのネットワークに参加し、誰がどこでどのような研究をしているのかについて、日常的に感覚を磨いておきましょう。解くべき問いと資金と人、さらには適切な価値判断を結びつけることこそ、一流の研究者の使命です。

[4]「富む人はますます与えられ、持たない人はますます貧しくなる」という状態。聖書を援用した科学社会学者ロバート・K・マートンの概念。

あとがき

パーソナルネットワークについて、重要だと思われる近年の理論と実証研究を整理し、研究の現状と今後についての展望を示す。人間関係について語りたいことをすべて語り尽くす。それが本書の目的でした。

大学生、大学院生、研究者を中心とした研究コミュニティにいるかたに読んでいただくことを想定して書きました。社会（科）学系の話題を多く取り上げていますが、ネットワークは分野横断的に見られる現象なので、理工系、とりわけウェブ、メディア、関係形成支援ツールや集団による知識創発などに関心のあるかたにも読んでいただければ幸いです。

最後の部分で、システム生物学や情報科学系のかたがたによるネットワーク指標を使った研究についても触れているのは、分野を問わず、このネットワークという考えかたが、あたかも統計学のように分野横断的な共通言語になりつつあるその様子を感じて欲しいと考えたためです。また、各分野において多用な手法や図解の技術が進んでいる状況を描きましたが、理工系の分野において「関係のビジュアル化」「モチーフの数え上げ」「大規模ネットワークの解析」などがどれほど進んでいるかを、言語表現のみを重視し、図や表による表現にはさほど注力しない社会（科）学系の研究者にぜひ知っていただきたいからです。

ネットワークについての研究は1998年のワッツとストロガッツのスモールワールド論文以来、理系研究者の参入によって、驚くほど急激に発展しました[1]。コンピュータの処理能力の高度化にともない、解析技術も日進月歩で進んでいます。その守備範囲が、対象についても規模についても、あまりにも急速に広がっているので、研究をしつつ私自身、いったい、どこまでを最低限の守備範囲として理解しておかねばならないのか、何を捨てて、何に特化すべきなのかについて、立ち止まっては考えることを繰り返しています。今回は、一つの区切りとして、人間関係だけに特化してネットワーク分析の研究を概括し、思い残すことがないように書いてみました。

解析の基礎概念を提供してくれる物理学と数学、分析のツールを提供してくれる工学など、異分野のネットワーク解析や描画技術、応用研究の進展に目配りをしつつ、しかし足下の問題意識をぶれさせずに、社会科学系のネットワーク研究を進めていきたいと思います。

情報科学や複雑ネットワーク研究の分野では、国際的に活躍する若手研究者も育ちつつあり、本当に心強い限りです。しかし、自分自身をはじめとして日本の社会（科）学研究者から、人間関係や組織間関係の分野で国際的に活躍する研究者が輩出できているかというと、こちらははなはだ心許ない状態です。我が身の反省とともも

[1] ダンカン・ワッツ／辻竜平・友知政樹（訳）（2004）『スモールワールド・ネットワーク』阪急コミュニケーションズ、は平易な、ダンカン・ワッツ／栗原聡・佐藤進也・福田健介（訳）（2006）『スモールワールド』東京電機大学出版局、は専門的な研究書です。

に、ぜひ、21世紀の後半を担う若き研究者のかたがたには、国内外で通用する良い研究者になっていただきたいと思います。

二年ほど前、一人の学生さんと一緒にSNSの研究をしました。彼は苦労しながらも、巨大SNSのデータをしっかりと整理し、良い解析をしてくれました。当時はまだ卒論のテーマさえ決まっていない学生さんでしたが、論文の共著者として国内のみならず国際学会にも出向き、報告にも挑戦していました。私が本書の構想を練っていた春、彼は大学院に進学し、国内有数の優れた研究者が率いる研究室に所属しました。夏、彼はスイスの大学院に留学して行きました。「試験はすべてドイツ語の口頭試問だそうだ」「大丈夫か」「いや、わからん、心配だ」……といった会話を交わした記憶があります。

アインシュタインが学位論文を提出した大学がある町から、彼がFacebookにドイツ語で書き込みをしているのを、偶然先日、見つけました。友人らしき人たちがドイツ語で書き込みを返しています。力をつけて帰国し、国内外に豊かな研究仲間をもち、国際的に活躍できる研究者にきっとなるでしょう。

これは実話です。遠い世界の、優れた特殊なエリート学生の話ではありません。研究を志す若い人たちには、その黄金の翼でどこまでもはばたいて欲しい。

本当は、知的好奇心さえあれば、年齢などは関係ないのです。良い学生、良い教員、良い研究者、良い理解者やパートナーとのネットワークを作ってください。

本書を読んでくださった誰もが翼をもっています。読者のかたがたが、教わりながら、教えながら、うまずたゆまず、あきらめず、おもしろがりながら、驚きながら、いくつもの発見を積み重ねて、その翼を黄金の翼に変え、ネットワーク研究という大空を、縦横無尽にどこまでも飛翔していってくださることを心から願います。

新曜社の塩浦暲氏が書かせてくださった二冊目のワードマップです。あらためて人間関係だけについて考える良い機会をいただきました。新曜社のみなさまに、御礼をもうしあげます。できるだけ情報が重複しないように、かつ、一冊を独立して読んでもパーソナルネットワーク研究を概観できるようにと、バランスを心がけたつもりです。

本書は関西大学をベースにして書きおろした初めての本です。原稿に多数のコメントをくださった先生がた、ありがとうございました。常に笑顔を絶やさず、研究費と出張などすべての処理を一身に担ってくださった日吉あずささん、本当にありがとうございました。ひたすら執筆・研究に没頭していたこの間、学内外の多くの仕事でご迷惑をおかけした、諸先生がた、本当にすみません。

国内外を問わず、本書を可能にしてくださった多くのかたがた、研究者のかたがた、そして読者のかたがた、あらためてみなさまとのつながりに御礼をもうしあげます。

京都東山にて

２０１１年5月　安田雪

著者紹介

安田雪（やすだ　ゆき）

1963年東京生まれ。1986年国際基督教大学教養学部卒業。1993年コロンビア大学大学院社会学部博士課程修了（Ph.D.）。立教大学社会学部助教授，東京大学大学院経済学研究科・ものづくり経営研究センター准教授などを経て2008年より関西大学社会学部教授。

主要著書：『日米市場のネットワーク分析』（1996）木鐸社，
『ワードマップ　ネットワーク分析』（1997）新曜社，
『大学生の就職活動—学生と企業の出会い』（1999）中公新書，
『実践ネットワーク分析』（2001）新曜社

主要訳書：『儀式は何の役に立つか』（2003）新曜社，
『競争の社会的構造』（2006）新曜社

e-mail：yyasuda@ninus.osn.ne.jp
URL：http://www5.ocn.ne.jp/~yasuda/index.html

新曜社

ワードマップ
パーソナルネットワーク
人のつながりがもたらすもの

初版第1刷発行　2011年7月20日
初版第10刷発行　2023年3月20日

著　者　安田　雪

発行者　塩浦　暲

発行所　株式会社 新曜社
〒101-0051 東京都千代田区神田神保町 3-9
電話（03）3264-4973・Fax（03）3239-2958
E-mail: info@shin-yo-sha.co.jp
https://www.shin-yo-sha.co.jp/

印　刷　星野精版印刷
製　本　積信堂

ISBN978-4-7885-1246-7　C1030

人名索引

あ行

か行

さ行

た行

な行

は行

ま行

や行

ら行

わ行

事項索引

アルファベット

あ行

か行

さ行

た行

な行

は行

ま行

ら行

著作物

参照文献

【あ】

雨宮処凛（2009）『ロスジェネはこう生きてきた』平凡社

石橋信義・名和行文（編）（2008）『寄生と共生』東海大学出版会

伊藤大雄・宇野裕之（編著）（2010）『離散数学のすすめ』現代数学社

稲葉陽二（編）（2008）『ソーシャル・キャピタルの潜在力』日本評論社

今村晴彦・園田紫乃・金子郁容（2010）『コミュニティのちから ── “遠慮がちな”ソーシャル・キャピタルの発見』慶應義塾大学出版会

内田樹（2007）『下流志向 ── 学ばない子どもたち働かない若者たち』講談社

NHK「無縁社会プロジェクト」取材班（編）（2010）『無縁社会 ── “無縁死”三万二千人の衝撃』文藝春秋

NHK 報道局取材班（2010）“NHK「無縁社会」三万二千人「死の記録」全公開”文藝春秋，11月号

大串隆之・近藤倫生・難波利幸（編）（2009）『生物間ネットワークを紐とく』京都大学学術出版会

大日康史・菅原民枝（2009）『パンデミック・シミュレーション ── 感染症数理モデルの応用』技術評論社

奥村ますみ（1998）『3000人のネットワークづくりが必ずできる！ ── ニュースキン、レクソール、ミキプルーン、ノエビア…すべてに対応する驚異のリクルーティングサポート』二期出版

【か】

カークパトリック・デビッド／滑川海彦・高橋信夫（訳）（2011）『フェイスブック ── 若き天才の野望』日経 BP 社

金子郁容・玉村雅敏・宮垣元（編著）（2009）『コミュニティ科学 ── 技術と社会のイノベーション』勁草書房

金光淳（2003）『社会ネットワーク分析の基礎 ── 社会的関係資本論にむけて』勁草書房

河原純一郎・坂上貴之（編著）（2010）『心理学の実験倫理 ──「被験者」実験の現状と展望』勁草書房

ジェームズ・ギブソン／境敦史・河野哲也（訳）（2004）『直接知覚論の根拠』勁草書房

藏廣一（2002）『マルチレベル・マーケティングの仕組み』東洋経済新報社
マルコム・グラッドウェル／高橋啓（訳）（2007）『急に売れ始めるにはワケがある ── ネットワーク理論が明らかにする口コミの法則』ソフトバンククリエイティブ
チャールズ・クーリー／大橋幸・菊池美代志（訳）（1970）『社会組織論』青木書店
ニコラス・クリスタキス，ジェイムズ・ファウラー／鬼澤忍（訳）（2010）『つながり ── 社会的ネットワークの驚くべき力』講談社
蔵本由紀（2007）『非線形科学』集英社
国土交通省国土交通政策研究所（2005）「ソーシャルキャピタルは地域の経済成長を高めるか？」都道府県データによる実証分析
小町由香里（2008）“頼母子講との比較による無限連鎖・連鎖販売取引の問題点”第81回日本社会学会一般研究報告
エリヤフ・ゴールドラット／三本木亮（訳）（2001）『ザ・ゴール』ダイヤモンド社
近藤滋・北野宏明・金子邦彦・黒田真也（2010）『システムバイオロジー』岩波書店

【さ】
斉藤和巳（2007）『ウェブサイエンス入門 ── インターネットの構造を解き明かす』NTT 出版
斎藤環（2002）『「ひきこもり」救出マニュアル』PHP 研究所
斎藤環（2010）『ひきこもりから見た未来』毎日新聞社
坂口義弘（1993）『実名で告発！　疑惑のマルチ訪販リスト』あっぷる出版社
酒巻貞夫（2008）『商店街の街づくり戦略』創成社
佐々木正人・三嶋博之（編著）（2001）『アフォーダンスと行為』金子書房
佐々木正人・三嶋博之（編訳）（2005）『生態心理学の構想 ── アフォーダンスのルーツと尖端』東京大学出版会
佐藤俊樹（1996）『ノイマンの夢・近代の欲望 ── 情報化社会を解体する』講談社
佐藤博樹・永井暁子・三和哲（編著）（2010）『結婚の壁 ── 非婚・晩婚の構造』勁草書房
メイ・サートン／武田尚子（訳）（1991）『独り居の日記』みすず書房
スティーヴン・ジョンソン／矢野真千子（訳）（2007）『感染地図 ── 歴史を変えた未知の病原体』河出書房新社

鈴木努（2009）『ネットワーク分析』（金明哲（編）「Ｒで学ぶデータサイエンス」８）共立出版
総務省（2010）『社会生活基本調査』総務省
レベッカ・ソルニット／高月園子（訳）（2010）『災害ユートピア ── なぜそのとき特別な共同体が立ち上がるのか』亜紀書房

【た】
ガブリエル・タルド／池田祥英・村澤真保呂（訳）（2007）『模倣の法則』河出書房新社
辻竜平・松山久美・針原素子（2002）「日本における知人・友人数の推定」数理社会学会第33回大会発表論文集，pp. 22-25
ホルスト R. ティーメ／齋藤保久（監訳）（2008）『生物集団の数学 ── 人口学・生態学・疫学へのアプローチ（下）』日本評論社
ウオウター・デノーイ，アンドレイ・ムルヴァル，ヴラディミール・バタゲーリ／安田雪（監訳）（2009）『Pajek を活用した社会ネットワーク分析』東京電機大学出版局
エミール・デュルケム／井伊玄太郎（訳）（1989）『社会分業論　上・下』講談社
天神橋三丁目商店街振興組合（編）（2010）『天神橋筋繁昌商店街』東方出版

【な】
内閣府委託調査（2003）「ソーシャル・キャピタル ── 豊かな人間関係と市民活動の好循環をもとめて」
夏刈康男（2008）『タルドとデュルケム ── 社会学者へのパルクール』学文社
日本バイオインフォマティクス学会（編）（2006）『バイオインフォマティクス事典』共立出版
野沢慎司（2009）『ネットワーク論に何ができるか ──「家族・コミュニティ問題」を解く』勁草書房
野田稔（2005）『組織論再入門 ── 戦略実現に向けた人と組織のデザイン』ダイヤモンド社
野中郁次郎・ネットワーク・ビジネス研究会（1999）『ネットワーク・ビジネスの研究 ── ふれあいが創る共感コミュニティ』日経 BP 企画

【は】
ジグムント・バウマン／奥井智之（訳）（2008）『コミュニティ ── 安全と

自由の戦場』筑摩書房
ロナルド・バート／安田雪（訳）(2006)『競争の社会的構造 ── 構造的空隙の理論』新曜社
ロバート・パットナム／柴内康文（訳）(2006)『孤独なボウリング ── 米国コミュニティの崩壊と再生』柏書房
林幸雄（編著）(2007)『ネットワーク科学の道具箱 ── つながりに隠れた現象をひもとく』近代科学社
アルバート＝ラズロ・バラバシ／青木薫（訳）(2002)『新ネットワーク思考 ── 世界のしくみを読み解く』NHK 出版
広井良典（2010)『コミュニティを問いなおす ── つながり・都市・日本社会の未来』筑摩書房
マーク・ブキャナン／阪本芳久（訳）(2005)『複雑な世界、単純な法則 ── ネットワーク科学の最前線』草思社
リントン・フリーマン／辻竜平（訳）(2007)『社会ネットワーク分析の発展』NTT 出版
メアリー・C. ブリントン／池村千秋（訳）(2008)『失われた場を探して ── ロストジェネレーションの社会学』NTT 出版
ピエール・ブルデュー／加藤晴久（訳）(2010)『科学の科学 ── コレージュ・ド・フランス最終講義』藤原書店
テオドル・ベスター／和波雅子・福岡伸一（訳）(2007)『築地』木楽舎
サンドラ・ヘンペル／杉森裕樹・大神英一・山口勝正（訳）(2009)『医学探偵ジョン・スノウ ── コレラとブロード・ストリートの井戸の謎』日本評論社

【ま】
増田直紀（2007)『私たちはどうつながっているのか ── ネットワークの科学を応用する』中央公論新社
松原惇子（2010)『おひとり死 ── 誰にも迷惑をかけない最期を迎えるために』河出書房新社
丸井淳己・加藤幹生・松尾豊・安田雪（2010）“mixi のネットワーク分析”情報処理学会創立50周年記念全国大会抄録集2, pp. 553-554
マルチ訴訟弁護団（編）(1984)『マルチ商法と消費者保護 ── マルチ訴訟をめぐる諸問題』法律文化社
三浦展・神奈川大学曽我部昌史研究室（2008)『商店街再生計画 ── 大学とのコラボでよみがえれ!』洋泉社
右田正夫・今野紀雄（2011)『マンガでわかる複雑ネットワーク』ソフトバンククリエイティブ

宮川公男・大守隆（編）（2004）『ソーシャル・キャピタル —— 現代経済社会のガバナンスの基礎』東洋経済新報社
ベン・メズリック／夏目大（訳）（2010）『Facebook —— 世界最大のSNSでビル・ゲイツに迫る男』青志社
エドガール・モラン／杉山光信（訳）（1973）『オルレアンのうわさ —— 女性誘拐のうわさとその神話作用』みすず書房

【や】
安田雪（1997）『ワードマップ　ネットワーク分析 —— 何が行為を決定するか』新曜社
安田雪（2001）『実践ネットワーク分析 —— 関係を解く理論と技法』新曜社
安田雪（2008）「若年者の転職意向と職場の人間関係」WORKS REVIEW (3), pp. 32–45. リクルートワークス研究所
安田雪（2010）『「つながり」を突き止めろ —— 入門！ネットワーク・サイエンス』光文社
山岸俊雄（1998）『信頼の構造 —— こころと社会の進化ゲーム』東京大学出版会
山田昌弘（1999）『パラサイト・シングルの時代』筑摩書房
吉田就彦・石井晃・新垣久史（2010）『大ヒットの方程式 —— ソーシャルメディアのクチコミ効果を数式化する』ディスカヴァー・トゥエンティワン

【ら】
ナン・リン／筒井淳也・石田光規ほか（訳）（2008）『ソーシャル・キャピタル —— 社会構造と行為の理論』ミネルヴァ書房
エヴェレット・ロジャーズ／三藤利雄（訳）（2007）『イノベーションの普及』翔泳社
エマニュエル・ローゼン／濱岡豊（訳）（2002）『クチコミはこうしてつくられる —— おもしろさが伝染するバズ・マーケティング』日本経済新聞社

【わ】
ダンカン・ワッツ／栗原聡・佐藤進也・福田健介（訳）（2006）『スモールワールド —— ネットワークの構造とダイナミクス』東京電機大学出版局
ダンカン・ワッツ／辻竜平・友知政樹（訳）（2004）『スモールワールド・ネットワーク —— 世界を知るための新科学的思考法』阪急コミュニケー

ションズ

●英語文献

R. Albert & A.-L. Barabási (2002). "Statistical mechanics of complex networks". *Reviews of Modern Physics*, 74 : 47-97. doi : 10.1103/RevModPhys. 74.47.

P. Boyer & S. Nissenbaum (1974) *Salem Possessed*. Harvard University Press.

V. Buskins & A. Van de Rift (2007) "Dynamics of networks : If everyone strives for structural holes" *American Journal of Sociology*, vol. 114, No. 2, pp. 371-407.

D. Centola, et al. (2010) "The spread of behavior in an online social network experiment" *Science*, 329, 1194-1197.

A. Clauset, M. E. J. Newman, & C. Moore (2004) "Finding community structure in very large networks" *Physical Review*, E70, 066111.

P. S. Dodds, R. Muhamad & D. J. Watts (2003) "An experimental study of search in global social networks" *Science*, 301, pp. 627-829.

D. Easley & J. Kleinberg (2010) *Networks, Crowds, and Markets : Reasoning about a highly connected world*. Cambridge University Press.

R. M. Fernández, E. J. Castilla & P. Moore (2000) "Social capital at work : Networks and employment at a phone center" *American Journal of Sociology*, vol. 105, No. 5, pp. 1288-1356.

Santo Fortunato & Marc Barthelemy (2007) "Resolution limit in community detection", *PNAS January*, Vol. 104, No. 1, pp. 36-41.

Fred, Fiedler (1967) *A Theory of Leadership Effectiveness*. McGraw-Hill.

M. Girvan & M. E. J. Newman (2004) "Community structure in social and biological networks" *Procedure National Academy of Science USA*, 99, 7821-7826.

Sharad Goel, Roby Muhamad, & Duncan Watts (2009) "Social search in 'Small world' experiment" WWW2009 April 20-24 Madrid, Spain, International World Wide Web Conference (IW3C2), pp. 701-710.

M. Granovetter. (1973) "The strength of weak ties" *American Journal of Sociology*, 78(6), pp. 1360-1380.

J. Leskovee & Eric Horvitz (2007) "Planetary-scale views on instant-messaging network" *Microsoft Research Technical Report*, MST-TR-2006-186.

N. Masuda, N. Konno (2006) "VIP-club phenomenon : Emergence of elites and masterminds in social networks" *Social Networks*, vol. 28, pp. 297-309.

R. Milo et. al. (2002) "Network motifs : Simple building blocks of complex networks" *Science*, 298, pp. 824-827.

M. E. Newman (2010) *Networks An Introduction*. Oxford University Press.

D. J. Watts & S. H. Strogats (1998) "Collective dynamics of 'small-world' networks" *Nature*, 393, pp. 409-410.